l

de

Paris

Nicolas Chaudun

Flammarion

LES QUESTIONS QUE L'ON SE POSE

À l'abri de ses diverses enceintes, Paris n'a cessé de faire peau neuve, par saccades concentriques. Cette fièvre d'urbanisme qui a duré 2000 ans est-elle retombée faute d'espace ? Paris, une ville finie ?

Qui ne connaît la capitale ? Rien, en apparence, ne peut échapper au promeneur bardé de guides, à l'habitant faussement blasé. Est-il un Paris méconnu, à l'écart en somme des habitudes touristiques ?

Ville du luxe, ville de culture, de consécration, centre politique, Paris est plus qu'un beau réceptacle, mieux qu'un musée. Ici et là tout change très vite. Où chercher cette ville et cette vie neuves ?

COMMENT L'ABC*daire* Y RÉPOND...

Le guide de l'abécédaire p. 6

Il explique comment comprendre Paris en regroupant les notices de l'abécédaire selon trois perspectives. Un code de couleurs indique le genre de chaque notice :

■ L'urbanisme : les quartiers, anciens et nouveaux.

■ L'architecture : les monuments, les musées, les églises, etc.

■ Le contexte : le cadre historique, les Parisiens.

À partir de la lecture de ces notices, et grâce aux renvois signalés par les astérisques, le lecteur voyage comme il lui plaît dans l'abécédaire.

L'abécédaire p. 27

Par ordre alphabétique, on trouvera dans ces notices tout ce qu'il faut savoir pour entrer dans l'univers de Paris. L'information est complétée par les éclairages suivants :
- des commentaires détaillés de ses principaux quartiers ;
- des encadrés qui précisent le contexte historique et culturel dans lequel s'est dessinée la ville.

Paris raconté p. 11

En tête de l'ouvrage, cette synthèse reprend l'articulation du guide de l'abécédaire en développant chacun de ses thèmes.

I. UN MOYEN ÂGE SANS RENAISSANCE ?

A. Le roi de Paris

Abandonnée par les Carolingiens, l'ancienne Lutèce romaine croise son destin en l'an 885. Victorieux des Normands, Eudes, comte de Paris, est fait roi. Son petit neveu, Hugues Capet, installe pour huit siècles la dynastie parisienne sur le trône de France. À partir de la fin du XIIe siècle, l'incroyable constance dynastique des Capétiens va profiter immédiatement à Paris.

■ *Abbayes et couvents*	■ *Enceintes*	■ *Lutèce*
■ *Boues*	■ *Geneviève (sainte)*	■ *Vin*

B. La forme d'une ville

C'est à cette époque que se fixe l'organisation des quartiers. Depuis toujours la Cité accueille le siège des pouvoirs spirituel (cathédrale) et temporel (le Palais). Légèrement en amont, la rive droite est propice au débarquement des marchandises, c'est la Grève. Rive gauche, les écoles s'établissent pour durer. Sous les Capétiens la capitale prospère, se couvre d'églises aussi. Il y a bien eu un âge roman à Paris mais l'essor précoce des formes gothiques l'a éclipsé.

■ *Cité*	■ *Louvre*	■ *Notre-Dame*
■ *Enceintes*	■ *Marché*	■ *Quartier latin*

C. L'épanouissement contrarié

L'avènement de la branche des Valois (1328) anéantit cette prospérité. Les revers militaires, la peste noire et l'occupation anglaise émaillent un siècle de guerre, auquel le règne de Charles V n'apporte qu'une rémission éphémère. Capitale royale, Paris subit de plein fouet les retombées du conflit, son peuple se rebiffe. Le vrai changement s'ébauche avec François Ier.

■ *Bastille*	■ *Louvre*	■ *Marcel (Étienne)*
■ *Hôtel de Ville*	■ *Marais*	■ *Tuileries*

L ' A B C d a i r e

II. L'EMPREINTE DU GRAND SIÈCLE

A. Capitale malgré tout

Le siècle qu'inaugure Henri IV porte en germe tous les développements de la ville contemporaine. L'obstination centralisatrice des Bourbons assure définitivement la prééminence de Paris sur ce que l'on appellera plus tard « le désert français ». Louis XIV a beau transporter la Cour à Versailles, Paris demeure l'incontournable capitale.

- *Carnavalet (musée)*
- *Luxembourg*
- *Place*
- *Seine*
- *Statues*

B. Naissance de l'urbanisme

En ouvrant de vastes places sur la pointe de la Cité et à proximité de la Bastille, Henri IV et Sully ont expérimenté les principes d'un urbanisme rigoureusement ordonnancé. Le lotissement de l'île Saint-Louis, un peu plus tard, amorce le lent recul du plâtre, du bois et de la tuile plate au profit de la pierre et de l'ardoise. Jusqu'à la fin de l'Ancien Régime des monuments de toutes sortes subjuguent un espace encore chaotique.

- *École militaire*
- *Enceintes*
- *Fontaine*
- *Invalides (hôtel des)*
- *Louvre*
- *Panthéon*
- *Saint-Louis (île)*
- *Sorbonne*

C. L'atelier du « siècle français »

À la centralisation des pouvoirs répond la concentration, tout aussi politique, des élites intellectuelles et artistiques. La Robe et la Finance adoptent les usages de la Cour, et font appel aux mêmes artistes, fixant à Paris tout un peuple d'ornemanistes, de stucateurs et d'ébénistes. C'est à cette époque que s'élabore le caractère inimitable de l'hôtel particulier parisien, pris entre cour et jardin.

- *Concorde (place de la)*
- *Marais*
- *Monceau (plaine)*
- *Passage*
- *Saint-Sulpice (église)*
- *Tuileries*

III. LA CAPITALE DU XIXᵉ SIÈCLE

A. Le flambeau de la liberté

À la veille de la Révolution, 600 000 Parisiens étouffent dans la poussière et la puanteur de l'été, pataugent dans le cloaque et l'obscurité de l'hiver. Ce peuple, en proie à de constants problèmes d'approvisionnement, exaspéré par l'octroi, prend les armes. En moins d'un siècle, Paris aura renversé trois rois et un empereur, pour finalement s'abîmer dans les affres d'une sécession désespérée.

- ■ Barricade
- ■ Catacombes
- ■ Saint-Georges
- ■ Théâtre
- ■ Vaugirard-Grenelle

B. La pieuvre

Napoléon Iᵉʳ aurait volontiers taillé dans le vif de cette pieuvre archaïque d'où rayonnent tous les chemins de son empire. Les projets furent nombreux mais leur réalisation retardée ou ajournée, faute d'argent, faute de temps. C'est moins sous la Restauration que sous Louis-Philippe que Paris change. Et les effets de la révolution industrielle n'y sont pas étrangers.

- ■ Boulevards (Grands)
- ■ Champs-Élysées
- ■ Concorde (place de la)
- ■ Églises
- ■ Fontaine
- ■ Madeleine (église de la)
- ■ Magasins (grands)
- ■ Muséum d'histoire naturelle
- ■ Palais-Bourbon
- ■ Passage

C. Un modèle de ville

En dépit de réalisations marquantes, Rambuteau, préfet de la monarchie de Juillet, s'est enferré dans ce dilemme : élargir les voies existantes ou imposer en bloc de nouveaux tracés. Haussmann, lui, sut se donner les moyens financiers d'une révolution urbaine, poursuivie jusqu'à la Grande Guerre par ceux-là mêmes qui l'avaient conspué.

- ■ Auteuil, Neuilly, Passy
- ■ Cimetière
- ■ Concierge
- ■ Expositions universelles
- ■ Gare
- ■ Haussmann (baron)
- ■ Hôtel de Ville
- ■ Jardin
- ■ Marché
- ■ Opéra
- ■ Théâtre
- ■ Zinc

IV. AUJOURD'HUI

A. Le renom

Véritable laboratoire de la modernité, Paris a toujours fasciné les intellectuels et les artistes. De Balzac à Rilke, de Manet à Ernst, il n'en est pas un qui n'ait pris ici le pouls de l'univers. La mission culturelle que les grands travaux présidentiels – Beaubourg, Orsay, le Grand Louvre, la Bibliothèque de France… – semblent avoir assignée à la capitale contemporaine procède directement de cet apogée.

- Beaubourg
- Bibliothèque nationale de France
- Louvre
- Montmartre
- Montparnasse
- Orangerie (musée de l')
- Orsay (musée d')
- Pigalle
- Saint-Germain-des-Prés
- Villette (la)

B. La richesse

Le patrimoine architectural n'a pas souffert de la guerre moderne. Cette relative homogénéité de l'espace parisien, un rééquilibrage en faveur des quartiers de l'est (Bastille, Belleville) l'a renforcée ces dernières années. Les ultimes clapiers des années 60 tomberont d'ici peu. On s'en féliciterait si l'harmonie du décor n'avait pour corollaire l'uniformisation de la population.

- Bastille
- Belleville
- Bercy
- Ceinture rouge
- Défense (quartier de la)
- Rodin (musée)
- Seine
- Statues
- Trocadéro
- Villas et squares

C. La noblesse

Désespérément chic, Paris distille des douceurs que l'on ne goûte que sous ses cieux. Les vieux bistrots branchés qui sentent le suif, les jurons de loge, la morgue des petits commerçants, mais aussi l'incroyable richesse de leurs étals… tout cela fait de Paris une ville à la fois désirable et rébarbative. Ce snobisme lui a épargné les verrues d'un urbanisme de seconde nécessité.

- Afrique
- Boulanger
- Brasseries et bouillons
- Concierge
- Marché
- Quartier latin
- Restaurants (grands)
- Vin
- Zinc

E Duc de bretai
gne sen vint a
bangency sur
soire z sa ordon
na vne partie de ses besoignes
pour venir vers paris. En cel
lui mesmes temps entra a
paris auant ce que se duc de
bretaigne y entrast sa royne
de cesille z de iherusalem qui
femme auoit este au duc dit
lou qui nomme sestoit en ses
tistres seigneur de naples z
aussy roy. Et vous dy que sa

dame pour ce en
tiou amenoit
soye en sa compa
on nommoit le
france roy des te
En leur compa
iehan de bretai
dame z venoit
duant que sa d
a paris elle siti
Duc de berri z d
que venoit e
a paris z amen
fils soye en sa con

Il n'aura pas fallu plus de vingt siècles pour bâtir Paris. Car Paris est fini. Sa forme, celle d'un cerveau en coupe longitudinale que lui dessine le boulevard périphérique, les fortifications de Thiers l'ont déterminée il y a plus de cent cinquante ans. Et tandis que de vastes secteurs historiques se crispaient sur un arsenal de mesures conservatoires, des quartiers flambant neufs ont surgi en moins de vingt ans sur les friches d'une industrie délocalisée (Javel, Bercy*, Tolbiac…). Les uns et les autres entendent braver les siècles, ne laissant au rêve des urbanistes que de minces lignes de soudure promises à une cicatrisation rapide. Faut-il s'y résoudre ? À moins que ne survienne un cataclysme, l'avenir s'invente au-delà du périmètre sacré.

Quant au passé, le paysage contemporain n'en garde qu'une mémoire fort sélective, voire faussée. Sa contemplation ne nous renseigne pas plus sur la ville mérovingienne que sur les premiers occupants du site ; les fondations de la cathédrale du roi Childebert, visibles dans la crypte archéologique aménagée sous le parvis de Notre-Dame, ne sont pas plus bavardes que les barques monoxyles du néolithique découvertes en 1991 à Bercy. Clovis et ses successeurs avaient pourtant fait de Paris leur capitale. Le luxe et l'importance des thermes de Cluny, dont subsistent en revanche d'éloquents vestiges, nous trompent tout autant sur le rayonnement de Lutèce*, ville-carrefour n'excédant pas cinq ou six mille habitants. Dans une romanité éparpillée, Tours ou Orléans en valaient bien deux comme cela. Le génie des lieux s'est employé à gommer les repentirs et les élans contrariés de l'adolescence, pour ne s'attacher qu'aux témoins d'une prééminence quasi définitive sur le reste du pays. Calqué sur la laborieuse extension du royaume de France, ce processus hégémonique n'a trouvé son expression urbaine qu'à l'époque moderne, si bien que, lisse et majestueux, Paris lègue à la postérité un visage beaucoup plus jeune qu'il ne l'est en réalité.

I. Un Moyen Âge sans Renaissance ?
A. Le roi de Paris

Le haut Moyen Âge nous est décrit comme un océan de forêt d'où n'émergent que de rares îlots d'érudition. Des fondations religieuses pour la plupart, non des villes. Celles-ci, condamnées à l'autarcie par la lente désagrégation des routes, se recroquevillent. Et Paris comme les autres ! abandonné, qui plus est, par les Carolingiens au profit d'Aix-la-Chapelle. Dans cette pénombre légendaire pourtant, une tragédie presque ordinaire va décider de tout : le raid normand de l'an 885. En novembre, une flotte innombrable assiège l'île de la

Cité*. Éloigné, incapable, l'empereur tergiverse, laissant Eudes, comte de Paris, livrer seul un combat héroïque. La victoire, finalement négociée, vaut à son artisan un prestige si grand qu'une assemblée de dignitaires le fait roi peu après. Cent ans encore, et son petit neveu, Hugues Capet, installe pour huit siècles la dynastie parisienne sur le trône de France. Édifié vers l'an 1000, le clocher de Saint*-Germain-des-Prés accompagne le renouveau. Un redressement d'abord timide. En butte à la dispersion féodale, la Couronne ne peut compter que sur les ressources de son domaine direct, et cela suffit à peine à panser les plaies du Grand Siège. Mais, à partir de la fin du XIIe siècle, l'incroyable constance dynastique des Capétiens va profiter directement à la ville dont ils tiennent leur sceptre.

B. La forme d'une ville

C'est à cette époque que se fixe, et pour longtemps, l'organisation fonctionnelle des quartiers. Depuis toujours, parce qu'elle est aisément défendable, l'île principale (la Cité) accueille le siège des pouvoirs spirituel (cathédrale) et temporel (le Palais). Légèrement en amont de la Cité, la rive droite offre la commodité d'une plage propice au débarquement des marchandises, la Grève, autour de laquelle se sont établis les principaux marchands de la ville, naturellement dominés par la prestigieuse hanse des Marchands de l'eau dont procédera la première administration municipale. Le marché* qui se tient là émigre bientôt aux Champeaux – le site des futures halles centrales – sans démentir cette vérité immuable : c'est le commerce qui tient la rive droite. Enfin, tout au long du XIIe siècle, les écoles désertent le cloître Notre-Dame pour venir se placer sous la protection des abbés de Saint-Victor. Elles investissent les pentes de la montagne Sainte-Geneviève, passablement négligées depuis les grandes invasions, et scellent ainsi pour une éternité la vocation intellectuelle de la rive gauche. En 1215, le légat du pape délivre ses premiers statuts à l'Université. Philippe Auguste règne depuis trente-cinq ans. Moins chevalier que tacticien, le vainqueur de Bouvines est aussi un bâtisseur insatiable. Son long règne s'inscrit aussi bien dans le pavé des rues que sur les courtines d'une impo-

Église
Saint-Étienne-
du-Mont,
le jubé,
1530-1540.

sante enceinte. Le donjon du Louvre* en est l'emblème. Paris
compte alors 50 000 habitants, et s'apprête à ravir la gloire de Rome.
Longtemps encore les Capétiens courront le royaume, quand ils ne
s'embarqueront pas pour la Terre sainte. La *Curia regis*, elle, se fixe à
Paris – c'est plus pour sa commodité que pour leur agrément person-
nel que Saint Louis et Philippe le Bel reconstruisent le Palais. Cette
affluence de notables, conseillers, légistes, financiers, favorise l'éclosion d'un foyer artistique d'une vigueur sans pareille. Les artisans du
luxe ont suivi leurs commanditaires. Beaucoup d'enlumineurs,
d'orfèvres, de tisserands… autant de maîtres verriers. En 1144 avait
été consacré le chœur de l'abbatiale de Saint-Denis, nécropole royale
pour laquelle l'abbé Suger, éminence grise du Palais, avait voulu une
esthétique nouvelle, inaugurant la croisée d'ogive et le règne de la
lumière. Vingt ans plus tard, la cathédrale en chantier entend dépas-
ser son modèle. S'accorde à cet élan une multitude de sanctuaires,
dont les gâbles et les pinacles s'extirpent bientôt du bourbier. Parmi
eux, une chasse immatérielle inonde de couleur les reliques de la Passion : la Sainte-Chapelle. Il y a bien eu un âge roman à Paris, le chevet de Saint-Martin-des-Champs en témoigne, mais l'essor précoce
des formes gothiques l'a éclipsé. Leur foisonnement durable retar-
dera le triomphe de la Renaissance.

C. L'épanouissement contrarié

L'avènement de la branche des Valois (1328) anéantit cette prospérité. Les revers militaires, la peste noire, la captivité de Jean le Bon,
la démence de Charles VI et, pour comble d'humiliation, l'occupation anglaise émaillent un siècle de guerre, cent ans de misères aux-

quelles le règne de Charles V n'apporte qu'une rémission éphémère. On dénombrait 200 000 Parisiens à la veille de Crécy ; la ville que tente en vain de soumettre Jeanne d'Arc n'en compte pas la moitié. Capitale royale, Paris subit de plein fouet les caprices de la fortune des princes. Ceux-ci n'en mènent pas moins grand train ; les « joyeux ébattements » de l'hôtel Saint-Pol, les veillées courtoises du

La fontaine des Innocents, 1547-1550.

connétable de Clisson ou du duc de Berry portent le Marais* à son premier zénith. La souffrance anonyme n'en est que plus odieuse. Le peuple se rebiffe, s'arme sous la houlette d'un chef (le prévôt Étienne Marcel*, le boucher Simon Caboche), massacre ses affameurs dans la plus grande confusion (révolte des Maillotins). Il n'y gagne rien, sinon une réputation. Charles VII, le « roi de Bourges », la tiendra pour réalité politique. Ses successeurs également, qui préféreront séjourner le long de la Loire, Louis XI à Plessis-lès-Tours, Charles VIII à Amboise, Louis XII à Blois. Là s'épanouit la première Renaissance, tandis que Paris perpétue la manière gothique, ne trouvant peut-être de remède à la désaffection de ses rois que dans la nostalgie d'un âge d'or médiéval. Élevées au tournant des XVe et XVIe siècles, les églises Saint-Gervais ou Saint-Étienne-du-Mont en disent long de cet attachement à l'art flamboyant. François Ier

Cour carrée du palais du Louvre, la façade de Pierre Lescot et de Jean Goujon, 1549-1555.

a beau régner depuis deux ans, la nouvelle église* des abbés de Saint-Victor en conserve encore le parti. Le jeune roi auréolé de gloire compte pourtant venir à bout de ces réticences. Il comprend aussi qu'un État moderne doit se gouverner depuis un point fixe. Lors de sa captivité, après le désastre de Pavie, Paris contribue sans défaillir au paiement de la rançon. Cette fidélité lui vaudra le retour de la Cour en ses murs. Avec elle, une suite d'artistes italiens concourt au triomphe des formes nouvelles : Benvenuto Cellini ouvre un atelier au pied de la tour de Nesle, Dominique de Cortone dresse en place de Grève un somptueux hôtel* de ville… Le roi quant à lui veut faire du Louvre le nouveau siège du pouvoir, mais, en dépit des embellissements qu'y avait apportés Charles V, la vieille forteresse ne lui convient pas. Il veut un palais. Pierre Lescot et Jean Goujon sont à pied d'œuvre lorsqu'il meurt… à Rambouillet. Le ton est donné néanmoins. La fontaine* des Innocents, l'église Saint-Eustache, les hôtels Scipion ou de Ligneris, les Tuileries* surtout, bousculent peu à peu les habitudes ancestrales. Mais l'agonie convulsive des derniers Valois entrave cet élan. Les tensions religieuses dispersent les artistes protestants (Goujon, Palissy, Richier…) ; le sang de la Saint-Barthé-lemy excite le fanatisme d'un petit peuple sur lequel s'appuieront les princes ligueurs. La capitale que recueille Henri IV n'est encore qu'un roncier de bicoques médiévales ; un blocus de cinq ans l'a affamée.

II. L'empreinte du Grand Siècle
A. Capitale malgré tout

Le siècle qu'inaugure le Béarnais porte en germe tous les développements de la ville contemporaine. L'obstination centralisatrice des Bourbons, qui relègue à l'état de tâtonnements les efforts de leurs prédécesseurs, scelle définitivement la prééminence de Paris sur ce que l'on appellera plus tard « le désert français ». Et ce malgré la défiance chronique du roi lui-même. Le pouvoir central, en effet, fonde sa consolidation sur un alourdissement de l'impôt. L'ensemble du royaume le supporte certes, mais, la féodalité déclinant, c'est à Paris que se concentrent les contre-pouvoirs. La contestation d'une levée fiscale dresse ainsi le Parlement contre Mazarin. Les bourgeois ont soutenu les parlementaires factieux, et le souvenir de cette Fronde décidera Louis XIV à transporter la Cour à Versailles. Le centre de décision politique a beau s'être déplacé de quelques lieues, Paris demeure l'incontournable capitale. Il lui faut des atours dignes de cet honneur.

Le Pont-Neuf et le Louvre vers 1633, école française du XVIIe siècle. H/t 97 x 219,5. Paris, musée Carnavalet.

Hôtel
des Invalides,
l'église
du Dôme,
1679-1691.

B. Naissance de l'urbanisme

En ouvrant de vastes places* sur la pointe de la Cité et à proximité
de la Bastille*, Henri IV et Sully ont expérimenté les principes d'un
urbanisme rigoureusement ordonnancé. Tandis que les développements successifs du Louvre stimulent l'extension des faubourgs occi-
dentaux, le lotissement de l'île Saint*-Louis amorce le lent recul du
plâtre, du bois et de la tuile plate au profit de la pierre et de l'ardoise
– à celle-ci, Haussmann* substituera le zinc*. Des règlements se suc-
céderont, qui régissent aussi bien le choix du matériau que le gabarit
des maisons, longtemps sans effet sur l'aspect de la ville. En
revanche, la monumentalité qui la caractérise aujourd'hui s'affirme
bien dès le XVIIe siècle. Des hôpitaux (la Salpêtrière), des collèges
(celui des Quatre-Nations, la Sorbonne* de Richelieu), des fondations royales (le Val-de-Grâce, les Invalides*) subjuguent un espace

L'église du
Val-de-Grâce.

Hôtel
de Gallifet,
la façade
sur jardin,
1775-1792.

encore chaotique, dont les frontons et les colonnades néoclassiques de la fin de l'Ancien Régime appelleront la théâtralisation. Le vaste quadrilatère de la place Louis-XV, la frontalité de l'église Sainte-Geneviève ou, dans une moindre mesure, l'organisation méthodique du quartier de l'Odéon ébauchent en effet des perspectives que le XIXᵉ siècle multipliera à l'envi.

C. L'atelier du « siècle français »

À la centralisation des pouvoirs répond la concentration, tout aussi politique, des élites intellectuelles et artistiques. Fondée par Richelieu en 1635, l'Académie française entreprend la rédaction d'un *Dictionnaire* qui doit imposer la même langue à tout le royaume. Cette même quête d'une spécificité française rassemble autour de la personne du roi des artistes tels que Champaigne, Le Brun ou Coysevox, ainsi qu'une pléiade d'architectes (Mansart, Lemercier, Le Vau, Bruant...) auxquels les réalisations du Grand Siècle assurent la fortune et la gloire. Les foyers artistiques régionaux s'en trouveront progressivement dévitalisés. La Robe et la Finance adoptent les usages de la Cour, et font appel aux mêmes artistes, fixant à Paris tout un peuple d'ornemanistes, de stucateurs et d'ébénistes qui façonnent peu à peu le « goût français ». C'est à cette époque que s'élabore le caractère inimitable de l'hôtel particulier parisien, plus intime que le palais, pris entre cour et jardin, et qui n'abandonne à la curiosité des passants qu'un mur percé d'un portail en hémicycle afin de favoriser les manœuvres des carrosses. La bourgeoisie de la IIIᵉ République en pastichera encore la grandeur.

III. La capitale du XIXᵉ siècle
A. Le flambeau de la liberté

Paris connaît certes un grand changement, et le roi comme les édiles sont conscients de sa nécessité, mais les 600 000 habitants qui s'y pressent à la veille de la Révolution étouffent dans la poussière et la puanteur de l'été, pataugent dans le cloaque et l'obscurité de l'hiver. Ce peuple, en proie à de constants problèmes d'approvisionnement, exaspéré par le renforcement de l'octroi, ne se fait pas prier lorsqu'un Camille Desmoulins l'appelle à prendre les armes. C'est lui qui ramène la famille royale à Paris, lui qui précipite sa déchéance, lui qui dresse l'instrument de son supplice. Il dicte son destin à la France, et peut-être au reste du monde, ce que la province ne lui pardonnera pas. La ville a beaucoup souffert de la Révolution. Le fanatisme a saccagé les églises, le pillage a englouti des chefs-

d'œuvre, la négligence d'une population en perpétuel état de siège a fait le reste. Par ailleurs, les embrasements successifs ont tôt fait d'installer le gouvernement républicain dans la méfiance atavique d'une capitale qui n'hésite pas à s'ériger en commune insurrectionnelle dès que les représentants de la Nation émettent des signes de mollesse. L'histoire du siècle qui commence lui donnera raison : en moins de temps qu'il ne faut pour construire une vie d'homme, Paris aura jeté sur les routes deux rois et un empereur, pour finalement s'abîmer dans les affres d'une sécession désespérée.

Gustave Caillebotte, *Le Boulevard sous la pluie*, 1877. H/t 212,2 × 276,2. Chicago, Art Institute.

B. La pieuvre

Napoléon Ier aurait volontiers taillé dans le vif de cette pieuvre archaïque d'où rayonnent tous les chemins de son empire. Les projets foisonnèrent, mais, en dépit de quelques audaces telles que cette première passerelle métallique jetée entre le Louvre et l'Institut (le pont des Arts), leur réalisation fut retardée (le Louvre, la rue de Rivoli), le plus souvent ajournée (le palais du roi de Rome), faute

Le pont des Arts.

d'un argent toujours employé à faire la guerre. Faute de temps aussi. La Restauration se serait presque contentée de les mener à bien, sans rompre d'ailleurs avec un néoclassicisme tenace, si les premiers effets de la révolution industrielle n'avaient bouleversé la donne. L'implantation naturelle d'usines et de grandes compagnies draine vers les faubourgs un contingent toujours croissant de déracinés. Entre 1817 et 1851, la population passe de 700 000 à 1 280 000 habitants (la barre des 3 millions sera franchie à l'aube du XXe siècle). Tout un peuple d'ouvriers, de domestiques, de désœuvrés lorsque le travail vient à manquer, s'entasse dans des galetas infects, souvent aux mains de propriétaires peu scrupuleux. L'épidémie s'y propage – le choléra emporte 20 000 personnes en 1832, dont le président du conseil Casimir Perier. Il suffit parfois d'une étincelle pour que l'émeute se déclenche.

C. Un modèle de ville

En dépit de réalisations marquantes, Rambuteau, préfet de la monarchie de Juillet, s'est enferré dans ce dilemme : élargir les voies existantes ou imposer en bloc de nouveaux tracés. Haussmann, lui, sut se donner les moyens financiers d'une révolution urbaine, recourant à l'épargne publique sans craindre la banqueroute ; c'est l'ampleur de la dette municipale qui provoqua sa chute, non le désaveu de son programme, poursuivi jusqu'à la Grande Guerre par ceux-là mêmes qui l'avaient conspué.

Le XIXᵉ siècle a transfiguré Paris, et il s'est approprié ce qu'il a laissé des époques précédentes, comme la tour Saint-Jacques, fanal flamboyant littéralement statufié au milieu d'un square de quartier. Fluide et arrogant, le modèle haussmannien s'est exporté de Budapest à Buenos Aires.

Là comme ailleurs, l'ère industrielle a essaimé ses emblèmes – les gares*, les grands magasins*, le métro aérien, ce qui reste des Expositions* universelles – mais, plus profondément, c'est dans l'organisation humaine de la ville qu'elle a laissé son empreinte. Si, de tout temps, les notables s'étaient concentrés à proximité des lieux du pouvoir, leurs nobles logis s'accommodaient jusque-là du voisinage de petits marchands, d'artisans, voire de domestiques en souffrance, la maison bourgeoise, quant à elle, favorisant cette promiscuité par la hiérarchisation durable de ses étages : boutiquiers au rez-de-chaussée et à l'entresol, propriétaire à l'« étage noble », locataires au-dessus, valetaille sous les combles. Or l'afflux de main-d'œuvre ouvrière conjugué aux inquiétudes d'une bourgeoisie fraîchement investie du pouvoir ont, au cours du XIXᵉ siècle, substitué à cette stratigraphie traditionnelle une plus pointilleuse ségrégation géographique. Ainsi sont nés, dans leur acception contemporaine, les « beaux quartiers » de l'ouest parisien, opposés aux taudis de l'est populaire. Et lorsque, au lendemain d'un armistice jugé misérable, Paris assiégé s'insurgera, c'est depuis Versailles que la répression conservatrice s'abattra pour s'achever entre les tombes du Père-Lachaise. 1871 fut ici l'année terrible, et la Commune a contribué à la pérennité du clivage qui, il y a peu, dressait encore Passy contre Belleville*, Neuilly contre Pantin.

Le Castel Béranger, Hector Guimard, 1899.

L'entrée de la station de métro Porte Dauphine, Hector Guimard, v. 1900.

La Ruche,
passage
de Dantzig.

IV. Aujourd'hui
A. Le renom
Véritable laboratoire de la modernité, Paris a tout au long du siècle, et au-delà, fasciné les intellectuels et les artistes. De James à Rilke, de Whistler à Ernst, il n'en est pas un qui n'ait pris ici le pouls de l'univers. Paris devient à la fois héros et modèle : Caillebotte, Degas, Monet ou Lautrec y chassent le motif, et l'on se demande ce qu'il en serait d'Esmeralda et de Quasimodo sans Notre*-Dame pour héroïne. Quant à ce peuple que guide une Liberté généreusement pourvue par Delacroix, c'est bien celui de Paris, où l'on reconnaît sans peine Gavroche comme Enjolras. Exil naturel des élites en rupture de ban, la « capitale du XIXᵉ siècle » a irradié tous les continents. Si bien qu'à l'annonce de sa libération, le 25 août 1944, les cloches du monde entier se sont mises à sonner. Mais l'Occupation avait brisé des ressorts. Le débat franco-français suscité par les conflits coloniaux et, peut-être, le renoncement à la révolution totale que semblent sceller, ici, les événements de 1968 ont ensuite réduit les horizons. Cependant, la mission culturelle que les grands travaux présidentiels – Beaubourg*, Orsay*, le Grand Louvre, l'Institut du monde arabe, la Bibliothèque* de France… – semblent avoir assignée à la capitale contemporaine procède directement de cet apogée.

B. La richesse
Le patrimoine architectural n'a pas souffert de la guerre moderne, et si des pertes sont à déplorer, c'est aux Parisiens, vieille tribu d'incendiaires, qu'il faut s'en prendre. Au cours des combats de la « semaine sanglante » par exemple, qui marquent la fin de la Commune, près du tiers de Paris est incendié, dont l'Hôtel de Ville avec toutes les

La tour Eiffel.

RACONTÉ

La Cité
de la musique,
Christian de
Portzamparc.

archives municipales. L'aspect général n'en fut pas affecté pour autant. Cette relative homogénéité de l'espace parisien, un rééquilibrage en faveur des quartiers de l'est l'a considérablement renforcée ces dernières années. Il reste bien çà et là quelques clapiers des années 60, mais on peut espérer les voir tomber d'ici peu. On s'en féliciterait si l'harmonie du décor n'avait pour corollaire – ou pour objectif – l'uniformisation de la population. Stabilisée autour de deux millions d'individus, elle tend vers un embourgeoisement inexorable, la disparition de toute activité industrielle et l'enchérissement du logement ayant relégué en périphérie ses couches les plus populaires. Jadis Paris fut un corps vigoureux, avec sa tête, son « ventre » et ses membres industrieux. Aujourd'hui ce n'est plus qu'un cœur, le cœur pensant d'une agglomération qui l'assiège sans déférence. Il bat mais ne croît plus. Le « schéma directeur » d'une région qui compte douze millions d'habitants s'est substitué au vieil expansionnisme édilitaire.

C. La noblesse

Désespérément chic, Paris distille des douceurs que l'on ne goûte que sous ses cieux. Les vieux bistrots branchés qui sentent le suif et la serpillière ammoniaquée ; dans les brasseries*, le tablier blanc et la moustache cirée des chefs de rang ; les jurons de loge et de fond de cour, maugréés dans la langue de Pessoa ; la morgue des petits commerçants, mais aussi l'incroyable richesse de leurs étals… tout cela fait de Paris une ville à la fois désirable et rébarbative. Ce paradoxe fait l'orgueil de ses habitants. En dépit de l'anonymat que garantit toute métropole, Paris sécrète de singuliers remèdes contre la solitude. Il y a toujours à une terrasse un paumé pour vous raconter sa vie, un bellâtre pour vous inviter à railler l'accoutrement de touristes éreintés. Le Parisien est un badaud. Il écoute volontiers les boniments de son voisin. Il croit s'instruire, et s'instruire est son obsession. C'est ainsi qu'il s'approprie le meilleur des cinq parties du monde. Ce snobisme a épargné au paysage les verrues d'un urbanisme de seconde nécessité. Les voies piétonnes chaussées de pavés autobloquants n'ont pas plus cours ici que les ronds-points de sous-préfecture, où un art des plus chétifs a pris ses habitudes. Ce serait déroger. Et faire mentir ce bon Montaigne, un Bordelais pourtant, qui voyait déjà dans ce chef-d'œuvre de luxe et de mesure « l'un des plus nobles ornements du monde ».

Le Grand Véfour, rue de Beaujolais (1er arr.).

La Palette, rue Jacques Callot (6e arr.).

Abbayes et couvents

À peine en avaient-ils fait leur capitale, que les rois mérovingiens couvraient Paris de somptueuses abbayes : Clovis fonde l'abbaye de Sainte-Geneviève, son fils Childebert celle de Saint*-Germain-des-Prés… Le foyer spirituel est si vif que ni l'éloignement de la cour carolingienne, ni les raids normands ne parviendront à l'éteindre complètement. Sa renaissance consécutive à l'avènement des Capétiens, heureux héritiers des comtes de Paris, devait durablement marquer la physionomie de la ville. Les communautés qui s'établissent peu à peu en périphérie, comme les Augustins de Saint-Victor en 1113, anticipent de plusieurs siècles l'expansion urbaine. Foyers d'érudition, moteurs économiques, ces abbayes largement pourvues par la Couronne jouissent d'un immense prestige moral et, bientôt, politique. Georges Duby peut l'affirmer : « En 1140, la plus royale des églises n'était pas une cathédrale, mais un monastère : Saint-Denis-en-France. » Les monarques des trois dynasties y sont ensevelis, et son abbé, Suger, après avoir secondé Louis le Gros, administre sans partage le royaume de Louis VII. C'est lui qui entreprend de rebâtir l'abbatiale, selon une esthétique nouvelle, tout juste expérimentée à Saint-Pierre-de-Montmartre et au prieuré de Saint-Martin-des-Champs. Le pays de France n'ose pas encore s'habituer à la prospérité, les peurs et les dévastations de l'an 1000 ne sont qu'imparfaitement effacées, et, déjà, fleurit un art qui lui est propre, et que l'on continue cependant à qualifier de gothique. Cet essor précoce et singulièrement fécond explique en partie l'indigence parisienne en vestiges romans.

À la veille de la Révolution, on dénombre 150 enclos conventuels. Expulsions et spéculation les éprouveront durement. Mais Paris respirera longtemps encore grâce à leurs vastes jardins*, dont il subsiste de beaux exemples : le clos des Carmes, le potager de la rue de Babylone, le jardin des Missions étrangères…

L'église Saint-Germain-des-Prés.

Vue de l'abbaye de Saint-Germain-des-Prés. Gravure d'Albert Lenoir, 1867. Paris, musée du Louvre.

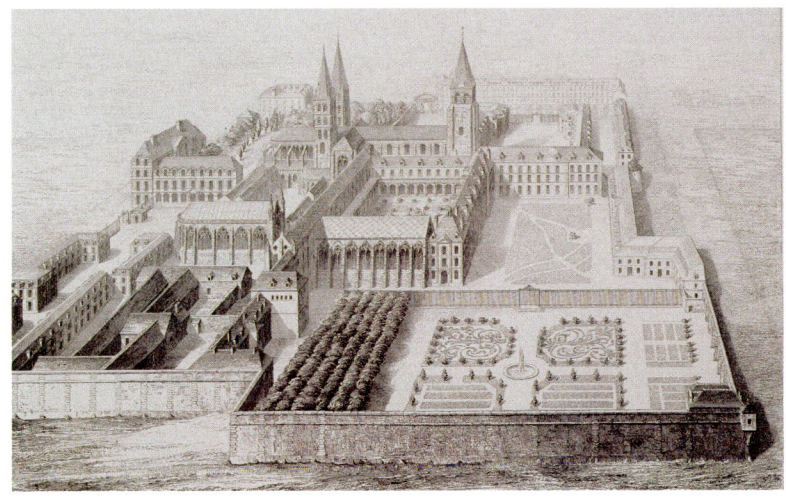

◼ Afrique

Il y a presque autant d'Afriques à Paris qu'il y en a sur le continent noir. Si les Trente Glorieuses ont considérablement grossi les rangs de ces diverses communautés, leur présence massive remonte aux lendemains de la Grande Guerre. Jusque-là, l'Afrique exerçait sa magie sur le cercle confiné des artistes voyageurs et des ethnologues, la découverte de ses richesses artistiques ayant influencé les formes de la modernité, et plus particulièrement l'éclosion du cubisme. Elle tient une place de choix dans la mémoire parisienne du siècle, du tirailleur sénégalais de *Quai des brumes* au bal nègre de la rue Blomet, des tripots du quai de Javel, si chers au film noir d'après-guerre, au p'tit-Tunisien-d'en-bas sans la marchandise duquel les retours de week-end seraient un carême. Fille de l'immigration, l'Afrique de Paris n'a cessé d'émigrer, des taudis ouvriers du 15e à la rue d'Aligre, de Belleville* à la Goutte-d'Or, balisant sa route de repères sécurisants comme la Grande Mosquée, majestueux pastiche des splendeurs de Fez, ou le « marché aux voleurs » de la station Barbès, tellement plus aimable que le ramdam vicelard des voisins de Pigalle*. Seulement, ses pérégrinations la conduisent peu à peu au-delà du périphérique*. L'Asie lui taille des croupières sur les coteaux de

Musée national
des arts africains
et océaniens,
vue du salon
Paul Reynaud,
v. 1931.

Détail
de la façade du
Musée national
des arts africains
et océaniens.

Belleville et la municipalité, sous couvert de réhabilitation, la chasse de ses bastions de la Goutte-d'Or. L'Afrique lève le camp, et cet exil, après celui des ouvriers et des artistes, installe le Parisien embourgeoisé dans une lancinante mentalité d'assiégé.

■ Arc de Triomphe.

Voir Champs-Élysées

■ AUTEUIL, NEUILLY, PASSY

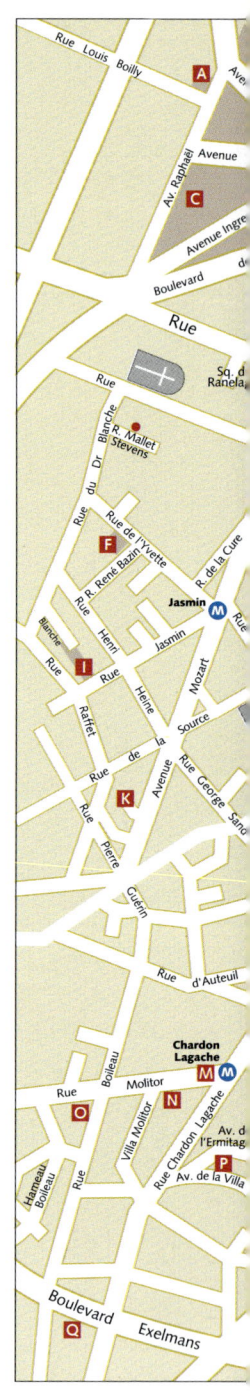

N.A.P. : ce triangle des bermudas de flanelle fait ricaner de Barbès à Grenelle ; on brocarde inlassablement sa faune de jeunes dindes bien nées et de matrones perlières à toutous permanentés. Le sarcasme a la vue courte. Auteuil et Passy furent de charmants villages où l'on cultivait avec le même bonheur la vigne*, le verbe et les belles manières. Molière et Boileau s'installèrent sur les hauteurs d'Auteuil, La Fontaine y séjourna. Et, face à l'église* plutôt bâclée de Vaudremer, l'obélisque de porphyre qui marque l'emplacement de l'ancien cimetière* paroissial n'est autre que la stèle funéraire de l'illustre chancelier d'Aguesseau. Aux abois, Balzac émigra vers Passy ; sa maison subsiste, ainsi qu'au fond du jardinet la porte dérobée par laquelle il échappait à ses créanciers. Est-ce le souvenir de curistes prestigieux – Rousseau, Lavoisier ou Turgot – attirés par la clarté de ses sources ? Passy paraît plus fier que le hameau voisin. « Les gens de Passy vont à Auteuil comme les gens de la rue Étienne-Marcel vont à Brunoy le dimanche. C'est tout juste s'ils n'emportent pas de quoi manger. » Fargue ne ment pas, aujourd'hui encore la rue d'Auteuil pourrait être celle d'un village. Ses habitants, eux, ne le pourraient pas… On a conservé l'habitude d'opposer le 7e, volontiers « vieille France », au 16e, plutôt « nouveau riche ». Ce dernier, il est vrai, supporte moins bien la promiscuité. Sans doute accueille-t-il moins de touristes que les parages de la tour* Eiffel. Il le mériterait pourtant. Absorbé très tardivement – la dernière ferme d'Auteuil ne disparut qu'après la guerre – ce secteur témoigne avec clarté de tous les courants architecturaux du siècle. Non seulement le fameux Castel Béranger (ill. p. 21), mais la rue Agar, due en totalité à Hector Guimard, l'extraordinaire immeuble bardé de grès élevé rue Franklin par les frères Perret, leur ode au béton de la rue Raynouard, ou encore la voie privée ouverte par Mallet-Stevens, d'où son nom, qui conserve intact l'atelier de sculpture des frères Martel, sont autant d'étapes d'un itinéraire architectural sans équivalent dans la capitale. Dans ce registre, Neuilly fait figure d'arrière-cour sans intérêt. Les digicodes et, ici, des systèmes de sécurité autrement sophistiqués interdisent l'accès à quantité des halls couverts de céramique, ainsi qu'aux nom-

A. *Musée Marmottan*

B. *Immeubles des frères Perret*

C. *Jardins du Ranelagh*

D. *Musée du Vin*

E. *Maison de Balzac*

F. *Maison-atelier Henri Bouchard*

H. *Maison de Radio-France*

I. *Fondation Le Corbusier*

L. *Notre-Dame d'Auteuil*

● *Rues signalées dans le texte*

Les œuvres d'Hector Guimard :

G. *Castel Béranger*

J. *Rue Agar*

K. *Villa Flore*

M. *Station de métro Chardon-Lagache*

N. *Villa Delfau*

O. *Villa Rose*

P. *Villa La Réunion*

Q. *Atelier Carpeaux*

breux « hameaux » et « villas* » privés d'Auteuil. Cette quiétude si âprement défendue, nul ne l'a aussi bien saisie que Freustié dont *Auteuil* (1954),

roman doucement immoraliste, s'attache aux atmosphères désertiques d'un univers de nantis que l'on croirait constamment partis en week-end.

■ BARRICADES, MODE D'EMPLOI
De la barrique à Mai 68

Jusqu'à l'époque contemporaine, la barricade fut, par excellence, le mode d'expression du Parisien en colère. En quatre siècles d'émoi s'est forgé ici un savoir-faire de réputation universelle, dont l'apprentissage débuta le 12 mai 1588, lorsque la foule barra le passage aux troupes royales au moyen de barriques pleines de terre. Ainsi naquit le mot magique : « barriquade ».

La barricade, c'est une redoute éphémère qui paralyse un quartier, en même temps qu'elle ralentit la progression des forces répressives. On la tient quelques heures, puis on décroche vers une autre, érigée en retrait. C'est ici que la stratégie prend tout son sens. L'armée ou la police franchit le premier obstacle et s'apprête à conquérir le second ; les insurgés ne se cramponnent pas, préférant s'égailler à la faveur de passages dérobés, de courettes, voire de souterrains, pour se regrouper de l'autre côté de la première redoute. Les réguliers n'en sont qu'à leur première volte-face.

Ce qu'il faut à une barricade, ce sont des appuis rapprochés, c'est-à-dire un lacis de rues étroites. C'est être sot que d'accuser Haussmann* de n'avoir tracé de larges perspectives qu'afin de favoriser les charges de cavalerie. Quel cavalier risquerait un galop sur le pavé humide ? et puis on n'escalade pas une barricade comme une barre de Spa ! En revanche, il devient difficile de barrer une avenue « assez large pour que deux myopes ne s'aperçoivent pas d'un trottoir à l'autre » avec des matelas, des charrettes à bras ou, bien pire, avec des pavés. À propos de ceux-ci, l'embarricadé ne remerciera jamais assez les voyers municipaux. La généralisation du petit bloc de granit (12 cm de côté « brut de fendage ») fournit le double avantage d'un matériau exploitable sur place et d'un arsenal inépuisable de projectiles fort maniables. On avait pieusement remis en place ceux des journées d'août 1944 ; les rescapés de Mai 68 furent, sous prétexte de réduire les bruits de la circulation, coulés dans le goudron.

◼ BASTILLE : « LIBERTÉ, LIBERTÉ CHÉRIE... »

La formidable forteresse de la Bastille a été élevée par Charles V pour défendre la porte Saint-Antoine. Celle-ci commande alors la route de Vincennes, cet autre château fort où le roi se sent en sécurité, à l'écart de Parisiens toujours turbulents (voir Marcel). Si la Bastille se dresse en retrait des remparts, dans la ville même, c'est bien pour protéger Vincennes d'une éventuelle ruée populaire, non d'un ennemi extérieur. Richelieu en fera une prison d'État, où l'on peut croupir toute une vie sur la foi d'une simple lettre de cachet signée de la main du roi. La légende, abusivement amplifiée, l'érigera en symbole de l'arbitraire monarchique. Au matin du 14 juillet 1789, ses geôles ne détiennent pas plus de malheureux que le nouvel Opéra* ne compte de choristes un soir de grève sauvage. Ces quelques escrocs et monomanes furent néanmoins portés en triomphe avec les conséquences que l'on sait. Démantelé, le plus bel ouvrage militaire de Paris prêta ses pierres au pont de la Concorde* alors en chantier.

Haut lieu révolutionnaire, le carrefour s'anime aujourd'hui sous la houlette du Génie de la liberté, perché depuis 1840 au sommet la colonne de Juillet. À ses pieds reposent les victimes des Trois Glorieuses, bientôt rejointes par celles des combats de 1848. On s'y presse toujours en cortège, quoique assez mollement, pour célébrer la fête du Travail. Loubards et blousons noirs ont longtemps fait tourner sur cet anneau leurs pétrolettes débridées. De ces rondes, il reste tout un commerce spécialisé – casques, chromes, pièces détachées – établi sur le boulevard Richard-Lenoir. En contrebas, les rues de Lappe et Saint-Sabin palpitent d'une perpétuelle atmosphère de fête. Troquets branchés et bars à tapas ne ferment que fort tard. L'artiste flapi y côtoie le camionneur, le rappeur à oreillettes y chasse la belette à cuissardes… Bastoche rime avec bamboche, et redonne à Paris sa gouaille des beaux jours.

Beaubourg

Plate-forme de forage, machinerie de pétrolier géant, le Centre Georges-Pompidou n'a pas fini d'exciter la verve de ses contempteurs. Déjà, son implantation dans le quartier médiéval, et non à la Défense* comme on l'avait envisagé, avait sonné l'heure des combats – au nom de quoi ? on l'ignore, puisque le plateau Beaubourg n'était qu'un terrain vague, déblayé trente ans auparavant sous prétexte d'hygiène. Et quand en 1971 fut dévoilé le projet de Piano et Rogers, le tollé prit des airs de jacquerie. Pourtant, jamais une réalisation ne fut plus fidèle à l'idée qui l'avait portée.

Plutôt qu'un sanctuaire culturel, le président Pompidou souhaitait un foyer de création, polyvalent et populaire. Attentifs, les architectes ont aboli toute forme de solennité, rejetant à l'extérieur gaines techniques et réseaux de circulation. Chaque boyau revêt une cou-

leur propre au flux qu'il cana-
lise : bleu pour l'air, jaune pour
l'électricité, vert pour les eaux,
rouge pour le public. Ainsi préservé, l'espace intérieur – six
« plateaux » de 7 500 m² – se
prête à de multiples utilisations.
Outre les collections du Musée
national d'art moderne, il abrite
de grandes expositions tempo-
raires, un cinéma, des salles
modulables de spectacle et de
conférences, le Centre de création industrielle, ou encore la
Bibliothèque publique d'infor-

mation qui, dans un souci de
vulgarisation, offre un accès
direct aux moyens les plus
divers de documentation.
Hors d'échelle, émergeant sans
vergogne d'une mer docile de
zinc* et d'ardoise, le Centre est
un signal. C'est ici que bat le
cœur de la ville, à quelques cou-
dées du fantôme des Halles,
englouti dans un ratage propor-
tionnel à l'éclat de cette ruche
éviscérée où bourdonnent
chaque année huit millions de
visiteurs.

Le Centre
Georges-Pompidou.

Le Charbon.

L'histoire de Belleville et de son hameau Ménilmontant mêle dans le même cours l'eau et le vin, la sueur et le sang. Riches en sources, dominant heureusement le méandre du fleuve, ces hauteurs procurent, grâce à l'aqueduc des abbés de Saint-Martin-des-Champs, l'eau pure dont le Paris de Philippe Auguste a déjà tant besoin. La présence anachronique de regards de contrôle, ainsi que des noms de rues (des Cascades, de la Mare, des Rigoles…) perpétuent le souvenir de cette prodigalité. Un village se développe bientôt, qui tire son renom de la production d'un petit vin* blanc : le guinguet. Sa fraîcheur aigrelette, les ombrages d'abondants jardins* où l'on vient cueillir la groseille attirent les Parisiens de toutes conditions. Des guinguettes fleurissent au coin des vignes. L'octroi ne les atteint pas : on s'y encanaille à moindre frais. L'argument fera la fortune du sieur Ramponeau, dont l'auberge connaît un tel succès qu'il y gagnera le nom d'une rue. C'est à prix d'or cependant que la bonne société de la Restauration loue les troquets de la grand-rue, d'où l'on assiste à la descente de la Courtille, procession gueularde qui

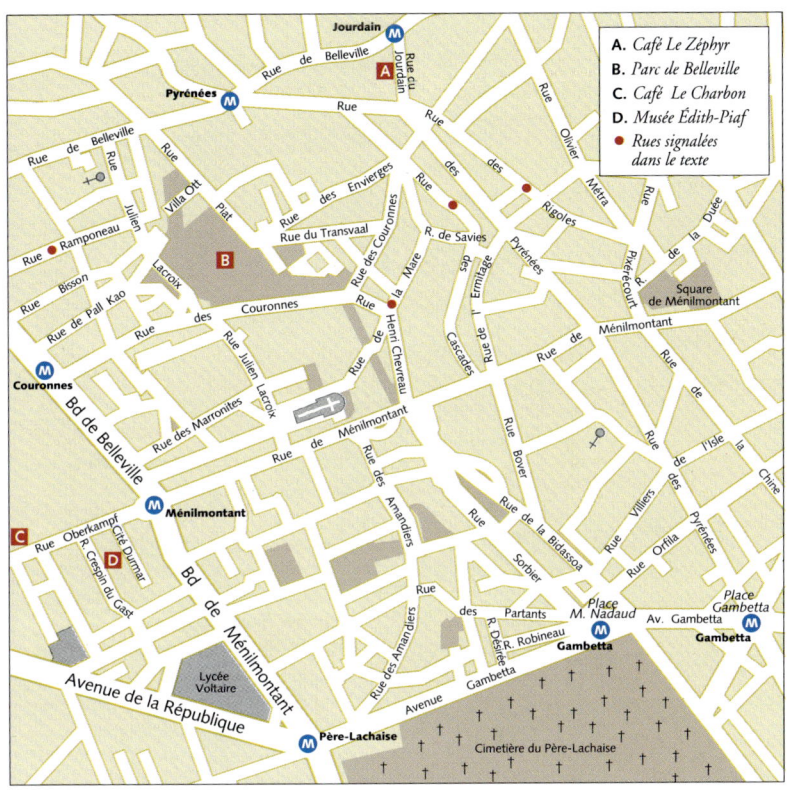

A. *Café Le Zéphyr*
B. *Parc de Belleville*
C. *Café Le Charbon*
D. *Musée Édith-Piaf*
• *Rues signalées dans le texte*

clôture le carnaval. Le « catéchisme poissard » qu'on y professe s'accommodera sans peine de la gouaille des ouvriers que les grands travaux relèguent par dizaines de milliers dans ce qui n'est plus qu'un arrondissement périphérique. Leur misère trouve un remède dans une solidarité qui façonne peu à peu la physionomie du quartier : des associations philanthropiques lotissent les derniers jardins, alignant de part et d'autre d'impasses fleuries des bicoques hautes comme trois pommes, tandis qu'une véritable coopérative populaire, la Bellevilloise, multiplie les équipements collectifs. La petite patrie des hauteurs paie parfois cher son indépendance : la Commune a vécu que l'on tiraille encore depuis les barricades* de Ménilmuche. On exécute leurs défenseurs sur la simple foi des bleus qu'ils ont à l'épaule, preuve d'un usage forcené du chassepot.

En dépit d'une modernisation aveugle, les ateliers et les courettes miraculés séduisent depuis peu une intelligentsia branchée, lasse du tintamarre de la Bastille*. Ses repaires attitrés (*Le Charbon*, rue Oberkampf, ou *Le Zéphyr*, rue du Jourdain) opposent à la prolifération de restaurants asiatiques un pittoresque parfois suspect. On ne cultive plus le souvenir à Belleville, mais les mœurs de l'instant, avant le fatal embourgeoisement.

■ BERCY
Les lendemains de Paris

Le nom de Bercy restera longtemps attaché au négoce du vin*. La quasi-totalité de ce qu'on en consommait à Paris transitait par la Marne et le cours supérieur de la Seine*. Dès la fin du XVIIIe siècle, une fois dressé le mur des Fermiers généraux, l'usage s'instaura de rassembler les cargaisons soumises à l'octroi au-delà des barrières fiscales de la ville – la vente, elle, s'effectuait aux halles du quai Saint-Bernard. Ainsi naquirent les entrepôts de Bercy, 42 hectares de futaille, d'allées de platanes et de guinguettes où, entre deux joutes nautiques, on dégustait la friture des berges. En 1970, un cinquième de la production nationale s'y négociait encore.

La reconversion du site, amorcée en 1979 avec la construction du Palais omnisport, touche aujourd'hui à sa fin. Ce nouveau quartier, signalé par le colossal portique du ministère des Finances (Chemetov et Huidobro) et les falaises de verre d'un centre d'affaires un rien mégalomane, est exemplaire de l'urbanisme parisien de la fin du siècle. On y professe, non sans affectation, le respect de l'histoire et des tracés anciens. Du coup, subsistent çà et là, complètement étrangers à leur environnement, un alignement de villas* ouvrières, quelques entrepôts bichonnés et, plus heureusement, les platanes centenaires qui procurent au parc un attrait immédiat. Par endroits, l'ancienne chaussée a conservé ses rails de wagonnets, véritable bonheur de la flâneuse à talons. Il s'en dégage cependant une réelle harmonie, promise aux savoureuses manies d'une routine de quartier, et qui procède de la conjonction originale d'un règlement contraignant et du concours d'une multitude d'architectes.

Le ministère des Finances. Photographie de Ian Berry.

Bibliothèque nationale de France

Malgré ses 120 kilomètres de rayonnages, l'ancienne Bibliothèque royale créée par Richelieu finissait par ne plus savoir que faire des 50 000 volumes imprimés qui l'enrichissaient chaque année. Il fallut donc songer à troquer la nomenclature au pochoir contre Internet, les coupoles basilicales de Labrouste contre des salles de lecture ultramodernes. La création d'une « très grande bibliothèque » et la polémique suscitée par le projet de l'architecte Dominique Perrault ont défrayé sans relâche les annales du second septennat de François Mitterrand. Cependant, ni les esclandres ni les pétitions ne parvinrent à infléchir la volonté présidentielle, si ce n'est à raboter d'une vingtaine de mètres les quatre tours si décriées. Celles-ci, figurant assez naïvement des livres ouverts, cantonnent un vaste quadrilatère au centre duquel bruissent les frondaisons encaissées d'un morceau de forêt. Ouvertes sur ces reliques de l'Éden, les salles de lecture, chacune affectée à une discipline précise, permettent, dans un décor d'acier frotté, de bois blond et de moquette rouge, de se connecter directement aux bibliothèques du bout du monde. Elles réservent aux chercheurs l'accès aux douze millions de volumes prévus et, assez paradoxalement, entreposés dans les tours de verre qu'il a fallu équiper d'un jeu de claies isolantes, aussi ingénieux qu'élégant. Lisse et solennelle, arrogante même, avec ce vertigineux emmarchement de bois depuis lequel on réprimerait volontiers une émeute, la Bibliothèque nationale de France subjugue son environnement, jusqu'au quartier de Bercy* qu'elle lorgne par-dessus les eaux. Une volonté hégémonique trop criante en masque la beauté. Belle, elle l'est pourtant. À faire peur.

Boues

« Sous les pavés, la plage », proclamaient les calicots de Mai 68. Des âmes charitables auraient pu prévenir les révolutionnaires en duffle-coat qu'en fait de sable ils auraient trouvé la fange. En effet, la lente construction de Paris se résume en une lutte contre deux fléaux complices : boue et pestilence. À la pluie se mêlent les rebuts de la cohue : ordures et eaux usées que l'on évacue sans vergogne par la fenêtre, sang des

La Bibliothèque nationale de France.

Photographie de
Martine Franck.

bêtes qu'on abat, tan du cuir que l'on bat sur la Bièvre… bouillon auquel il faut ajouter un condiment de choix : les déjections d'une foule de bestiaux, du porc en semi-liberté à la haridelle immobilisée dans le cloaque. L'image est légendaire de Philippe Auguste saisi par les remugles de sa bonne ville. Son ordonnance de 1184 enjoignant aux bourgeois de paver les rues produira peu d'effet, et, six siècles plus tard, la même gadoue éclaboussera les bas de chausses de Louis Sébastien Mercier. Certes, on a bien pavé çà et là, mais avec de gros blocs de grès souvent inégaux entre lesquels la crasse continue de figer, empêchant les eaux de s'écouler par la rigole centrale. Il est préférable, pour ne pas se crotter, de longer les murs ; à défaut de trottoir, la chaussée y est légèrement surélevée, d'où l'expression : « tenir le haut du pavé ». C'est le second Empire qui produira l'effort nécessaire : tandis que l'ingénieur Belgrand aménage les égouts (26 km en 1805, 600 en 1870), Haussmann* introduit l'usage du petit pavé de granit, dont l'assemblage en éventail mue, après la pluie, la chaussée bombée en ventre de lézard.

■ Boulanger

C'est le pourvoyeur fétiche de la ville. Parce que le pain qu'il fabrique reste une denrée sacrée, parce que sa profession incarne la résistance de l'artisanat à la normalisation industrielle. C'est de la gueule du

four qu'il tient sa noblesse. La boulangère, elle, tient la caisse. Et d'une main ferme. Sans doute se souvient-elle des jours amers, où la moindre crise frumentaire jetait des hordes d'affamés à l'assaut des pétrins. Saccages, taxations, règlements d'exception furent le lot quotidien de la boulange, régulièrement soupçonnée d'accaparer le grain. Paris comptait peu de fournils. On craignait les incendies. La moitié du pain qu'on y vendait provenait des faubourgs, de Corbeil ou de Melun. Cependant, les deux cents maîtres boulangers de la corporation municipale passaient pour les meilleurs du royaume. De ce titre de gloire, le Parisien a conservé un goût immodéré de la baguette et du bâtard. Et il est étrange qu'au pays du croissant-roi on n'ait qu'un mot à la bouche : viennoiserie, néologisme où l'on aimerait déceler un hommage à ce lointain boulanger français assiégé dans Vienne, qui, pour faire la nique aux Turcs, fabriquait en pâte feuilletée les croissants qui flottaient sur leurs étendards. En vain, car, comme beaucoup d'autres, ce commerce aspire au chic. Et Vienne l'est furieusement, tout comme le sont les boules campagnardes, grises de seigle ou de son. Sans doute cette tendance contribuera-t-elle à la sauvegarde d'établissements désuets qui, à l'exemple de la boulangerie du Moulin de la Galette, rue Caulaincourt, ou de la maison Azrak, rue Vaneau, conservent leurs décors fixés sous verre et leurs étals à médaillons.

La boulangerie
Azrak,
56 rue Vaneau,
construite
vers 1910.

■ BOULEVARDS (GRANDS)
Les allées de la vie parisienne

Qui se rappelle aujourd'hui que « boulevard » signifiait « rempart » ? Ceux de Charles V, très médiocrement consolidés par Charles IX entre le jardin du Louvre* et la Bastille*, le Roi-Soleil les a fait abattre en 1670. Vainqueur en Hollande et en Franche-Comté, il ne craint plus d'invasions. En outre, il se rappelle que, du haut de ces murs-là, les frondeurs ont pilonné les troupes loyalistes. Paris ville ouverte s'attache néanmoins aux symboles et fait élever par Blondel et Bullet les portes Saint-Denis et Saint-Martin le long des boulevards aménagés sur le tracé des anciens fossés (la grande boucle comprise entre le boulevard Beaumarchais à l'est et celui des Capucines à l'ouest). On borde ceux-ci de doubles rangées d'arbres : les Parisiens en feront leur promenade favorite. Les cafés y fleurissent, et bientôt les théâtres*, dont celui des Italiens. En 1830, sur les dix-sept salles que compte la ville, onze se trouvent sur les Grands Boulevards. Outre les pantomimes de Deburau, quelques spectacles de chiens savants, on y donne des mélodrames où le surin tient lieu d'argument : à raison d'un cadavre par scène, le « boulevard du crime » se taille une clientèle chahuteuse et colorée, également friande de quiproquos et d'amours contrariées. Les vaudevilles de Scribe et Sardou forgent l'esprit boulevardier, ce « théâtre de Boulevard » que les intellectuels de la rive gauche affecteront de mépriser. La plupart de ces théâtres « grands comme des tirelires » (A. Savinio) ont survécu ; ils ont seulement changé de registre. Quant à la gouaille du Parigot, la concentration progressive des banques lui a fichu un coup. L'Olympia et le Rex ont eu beau faire peau neuve, la chasse à la grisette n'ouvre plus qu'aux heures de bureau.

La Mi-Carême sur les boulevards par Camille Pissarro, 1897. H/t 65 × 81. Cambridge, Harvard University Art Museums.

Brasseries et bouillons

L'annexion de leur province par l'Empire allemand poussa nombre d'Alsaciens à s'installer à Paris. Et, constatant que la IIIe République ne voulait rien oublier des agapes du régime précédent, ils couvrirent la capitale de « brasseries ». Il n'était plus question d'y brasser la bière, mais plutôt de la consommer, en futaille mise sous pression de préférence. Ainsi naquirent ces autres temples du parisianisme, qui se distinguent du restaurant* par un service continu – de midi à une heure du matin – et plus relâché – on peut n'y commander qu'un seul plat sans risquer le dédain fatal du chef de rang. La choucroute et le gewurztraminer ont fait leur gloire, mais avec le temps, certains établissements ont consolidé leur renommée grâce à l'excellence de leurs bancs d'huîtres. Et c'est en cohortes serrées que l'on accourt chez Wepler, Zeyer ou Bofinger pour déglutir à la douzaine le royal mollusque, arrosé cette fois d'un blanc sec des estuaires. Maisons de tradition pour la plupart, elles ont su dans l'ensemble conserver leur décor fin de siècle, tout en céramique, pâte de verre et mosaïque, et dont l'imagerie entretenait parfois la nostalgie de la province perdue. Il en est ainsi chez Mollard ou Graff, à la brasserie Floderer ou encore au Vagenende qui ne fut d'abord qu'un « bouillon ».

Souvent plus modestes dans leur décor, les bouillons font encore figure de brasserie de la couseuse et du manœuvre. À l'origine, on s'y restaurait pour cinq sous d'un concentré de jus de viande industriel, dilué dans de formidables chaudrons en constante ébullition. Casiers à serviettes et bouteilles « au compteur » – on ne paie que ce que l'on en consomme – témoignaient il y a peu d'habitudes populaires. Un détour chez Chartier peut distraire, bien qu'on n'y rencontre plus que des blancs-becs dorés sur tranche, pressés de rendre leurs effets canailles au vestiaire.

Le premier bouillon Chartier, ouvert en 1895, rue du Faubourg-Montmartre.

goût. Peu de plans, de dioramas ou de panneaux chronologiques comme à Londres ou à Amsterdam, mais une stupéfiante collection d'objets d'art et de tableaux – près de 50 000 au total – qui, depuis les bronzes gallo-romains jusqu'à la reconstitution de la chambre de Proust, réveillent les rumeurs et les palpitations d'une ville deux fois millénaire. Nombre de boiseries provenant d'hôtels disparus ont été habilement remontées et, récemment, restaurées. Carnavalet, c'est aussi l'hommage aux védutistes du XVIIIᵉ siècle qui, tels Raguenet, Demachy ou Noël, ont brossé le portrait de la capitale des Lumières.

■ Carnavalet (musée)

Les bâtiments du musée Carnavalet se développent autour de l'un des plus anciens hôtels du Marais*, édifié au milieu du XVIᵉ siècle pour Jacques de Ligneris, président du parlement de Paris. Le plan en avait été probablement confié à Pierre Lescot, architecte du Louvre* de François Iᵉʳ, et son décor sculpté à l'atelier de Jean Goujon. Remaniée un siècle plus tard par François Mansart, cette demeure acquit une certaine célébrité lorsque, pendant près de vingt ans, y séjourna la marquise de Sévigné. Conscient de son architecture exemplaire et de la stature historique de ses hôtes, Haussmann* incita la municipalité à l'acquérir en 1866, afin qu'elle y dépose ses collections historiques. S'ensuivirent de longs travaux de restauration et d'extension aux dépens de l'ancien jardin. En fait de musée d'histoire, Carnavalet témoigne plutôt d'un certain style de vie qui, au fil des siècles, façonna la capitale du

La cour d'Honneur du musée Carnavalet.

Les Catacombes de Paris.
Photographie de Nadar, 1861.

■ Catacombes

Paris repose sur un épais socle de craie recouvert d'une infinité de matériaux gisant parfois à fleur de terre : plâtre, meulière, travertin, calcaire propre à la taille… Leur exploitation précoce, à ciel ouvert tout d'abord, puis souterraine, se fit dans un tel désordre qu'elle finit par provoquer nombre d'affaissements

parfois meurtriers. Elle cessa en 1813, laissant sous la ville 300 km de galeries et plusieurs centaines d'hectares de salles et de marnières. À peine désaffectées, les carrières de Montrouge reçurent de 1786 à 1814 les ossements de six millions de Parisiens arrachés à leurs nécropoles paroissiales (voir Cimetière). Ces catacombes, auxquelles on accède par l'ancienne barrière d'Enfer – rebaptisée, c'est bien dommage, place Denfert-Rochereau –, n'ont cessé d'attirer les curieux, parmi lesquels Flaubert ou le Khédive. La mise en scène, il est vrai, ménage des effets savoureux. D'emblée, une inscription vous avertit : « Arrête, c'est ici l'Empire de la Mort. » Il n'en fallait pas moins à Nadar pour expérimenter là son procédé de « jour artificiel ». Quant au reste du réseau, haut lieu des complots et des guérillas, il est aujourd'hui l'empire des « cataphiles », ripailleurs nyctalopes qui, fort du relevé très convoité de l'École des mines, font la nique aux inspecteurs des Carrières.

■ Ceinture rouge

Jusqu'au lendemain de la Grande Guerre, la ville buttait sur les « fortifs » de Thiers (voir Enceintes), coupée de sa banlieue clairsemée par une couronne large de 250 mètres, présumée inconstructible mais livrée à une « pagaï pathétique de demeures d'hommes en papier goudronné, en bois de rebut, en tôle prête à s'envoler... ». À cette « zone » ainsi décrite par Aragon, la municipalité décida de substituer une ceinture verte constellée de stades et de piscines, tandis que les murailles feraient place à un programme de logements

sociaux. Cette ambition généreuse procédait des idées avancées par des architectes hygiénistes, et si les massives cités de briques rouges ou saumonées décrivent, sur le pourtour parisien, un archipel d'îlots triangulaires, ce n'est pas, comme on l'a longtemps prétendu, parce qu'elles épousent le tracé des bastions disparus, mais bien pour que le vent en chasse les miasmes de familles prolifiques. Le tollé soulevé par ces premiers « clapiers » incita les commanditaires à rompre avec le minimalisme initialement préconisé : les jardins* s'ornèrent de pergolas et de bancs mosaïqués, les façades de ferronneries figu-

Avenue Ernest-Reyer, porte d'Orléans.

ratives – compotiers et vases fleuris – propres à exalter les vertus d'un matriarcat en perdition. Ces mères, divinisées plus souvent dans le ciment que dans la pierre, se dressent aux portiques des cours arborées, le sein ferme en dépit du labeur et du nombre des portées. Les gamins piaillent, les bleus de chauffe claquent au soleil... Malgré les mugissements du boulevard périphérique, coup de grâce porté à la ceinture verte qui ne devait jamais voir le jour, bon nombre de Parisiens goûteraient volontiers cette vie pépère qu'on avait alors promise aux laissés-pour-compte du capitalisme industriel.

■ CHAMPS-ÉLYSÉES
La légende écornée

L'avenue des Champs-Élysées est moins l'affaire des Parisiens que celle de la nation tout entière. La « capitale » l'emporte ici sur la « commune », le franchouillard sur le Parigot.

Lorsque, au lendemain d'Austerlitz, Napoléon confie à Chalgrin le soin de coiffer la butte de l'Étoile d'un arc colossal dédié à ses armées victorieuses, il transforme la promenade tracée par Le Nôtre dans le prolongement des Tuile-

ries* en une voie triomphale, théâtre obligé des grand-messes patriotiques. *La Marseillaise* de Rude, qui depuis 1836 orne le monument, incarne le pays. Sous son glaive ont passé les cendres de l'Empereur, les dépouilles de Victor Hugo et du maréchal Joffre, et les gaillards qu'elle couvre de sa cuisse étrangement gracile se chauffent depuis 1921 à la flamme du soldat inconnu, inhumé là en mémoire des sacrifices consentis. Sa notoriété fait peu de cas des groupes pourtant remarquables d'Etex (*La Paix*, *La Résistance*, côté Neuilly) et de Cortot (*Le Triomphe*).

Lorsqu'elle n'est pas réquisitionnée pour la revue du 14 Juillet ou l'arrivée du Tour de France, l'avenue de la gloire grouille d'une foule distraite, qui cabote gentiment de fast-food en terrasse de café, et se masse devant les cinémas de « première exclusivité ». Il reste peu de souvenirs de cette débauche de faste qui, du second Empire à la dernière guerre, en avait fait « la plus belle avenue du monde ». Le Fouquet's, dernier témoin de la Belle Époque, ne doit sa survie qu'à un arrêté de classement ; quant à l'hôtel de la sulfureuse Païva – « qui paie y va » –, pour le décor duquel Carrier-Belleuse, Dalou et Baudry multiplièrent les extravagances, il abrite désormais un club de messieurs très respectables.

■ Cimetière

Les Romains, déjà, prennent soin d'enterrer les leurs hors de la cité. Mais, en perpétuelle expansion, la ville rattrape ses morts. Autour des églises*, des couvents, les corps s'entassent. La terre manque parfois pour les ensevelir complètement. Au charnier des Innocents, le niveau du sol gagne en altitude, ce qui n'empêche pas les débardeurs du marché* voisin d'y culbuter les ribaudes. Il faut attendre 1786 pour que l'on entreprenne de curer ces foyers de pestilence. Les ossements ainsi exhumés rejoindront d'anciennes carrières souterraines (voir Catacombes). Le préfet Frochot a beau, en 1804, repousser les nécropoles au-delà du mur des Fermiers généraux, l'annexion de 1860 les englobe à leur tour, ainsi qu'une quinzaine de cimetières villageois. Celui de Charonne, blotti au pied du clocher paroissial, a su conserver son charme campagnard.

Il n'est pas un cimetière parisien qui ne s'enorgueillisse d'un hôte célèbre, jusqu'au minuscule enclos Sainte-Marguerite qui passe pour avoir reçu la dépouille de l'enfant du Temple. Picpus se réserve la haute aristocratie, raccourcie par la Terreur, tandis que Montmartre* et Montparnasse* veillent au repos des artistes. Quant au Père-Lachaise, il suscite une telle curiosité que le guide Baedeker lui dédie déjà dix pages en 1887. Dessiné « à l'anglaise » par Brongniart, ce cimetière a connu pourtant des débuts si difficiles que l'on dut le « lancer » en y transférant les restes de Molière et de La Fontaine, ainsi que le mausolée d'Héloïse et Abélard. De la ruée qui s'ensuivit nous est parvenu un fantastique musée de sculpture romantique. Pour les maréchaux de l'Empire aussi bien que pour Balzac et Nodier, David d'Angers a donné le meilleur de son art, tout comme Etex pour Raspail et Géricault. Triqueti s'est doté lui-même d'un Lazare ressuscité, Gustave Doré a fixé les traits de la belle Alice Ozy. On s'y promène le dimanche, bras dessus bras dessous parmi les chats. Avec ses 44 hectares, c'est le plus grand jardin* de Paris.

Cimetière du Père-Lachaise, tombeau de Frédéric Chopin.

Piédroit de l'arc de Triomphe : *La Marseillaise* de François Rude, 1833-1836.

La « grande moisson » sur les Champs-Élysées, 24 juin 1990.

L'île de la Cité vue du pont des Arts. Photographie d'Henri Cartier-Bresson.

S'il est un crime qu'Haussmann* ne finira jamais d'expier, c'est bien l'éventrement de la Cité. Un crime inutile, car la fameuse croisée centrale, son mobile essentiel, ne se justifiait plus dans une capitale qui avait depuis longtemps débordé son cadre médiéval ; un crime maladroit, si l'on en juge par la froide médiocrité des casernes (préfecture, tribunaux, Hôtel-Dieu) qui subjuguent désormais cet espace sacré.

L'île-mère demeurait un foyer de vie intense, animé par une foule d'artisans et de petits commerçants. Des grands magasins, comme *La Belle Jardinière*, avaient même réussi à prendre pied dans son enchevêtrement de ruelles séculaires, dont seule la portion située au nord de Notre*-Dame, partiellement épargnée, peut donner idée. En 1858, elle comptait encore 15 000 habitants. Dix ans plus tard, il n'en restait que 5 000 ; pas moins de seize églises* avaient disparu dans la tourmente. Le Palais lui-même n'arrêta pas l'insatiable préfet. Vieille demeure des empereurs Julien et Valentinien, château des rois mérovingiens, il avait accueilli naturellement la cour des premiers Capétiens. C'est depuis ses courtines que l'on avait bravé les drakkars des envahisseurs ; la menace s'était évanouie, mais le souvenir en demeurait si vivace qu'au XVIe siècle encore les chanoines du cloître Notre-Dame chantaient : « *A furore Normanorum libera nos Domine* ». À la fois berceau et refuge du pouvoir, le Palais de justice fut peu à peu délaissé au profit du Louvre*. Saint Louis y déposa encore les reliques de la Passion, pour lesquelles il fit édifier en moins de sept ans le joyau de son règne. La

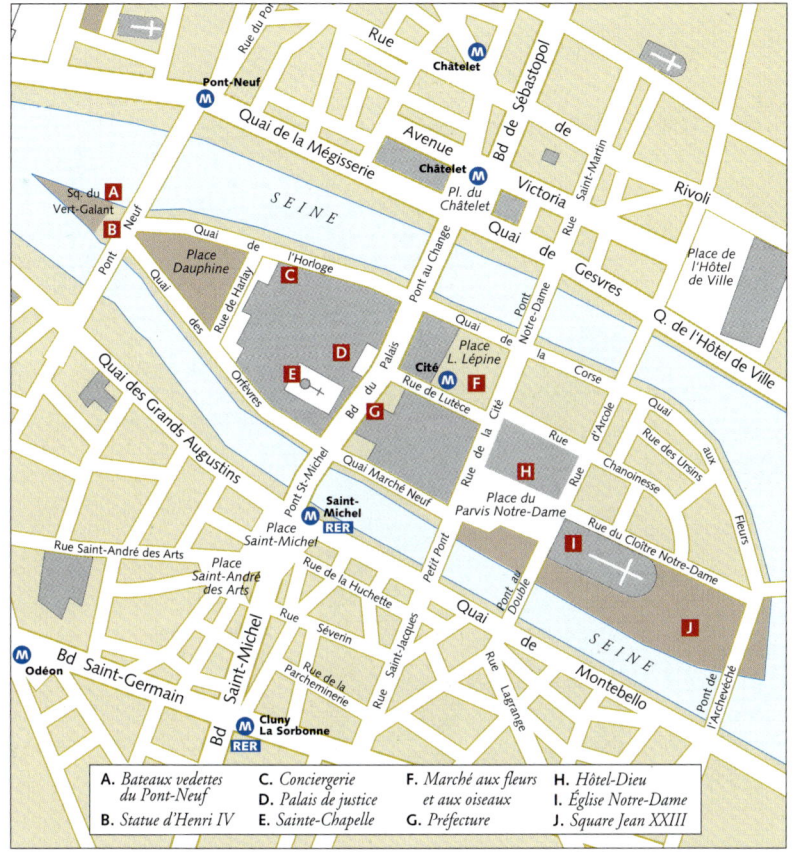

A. *Bateaux vedettes du Pont-Neuf*
B. *Statue d'Henri IV*
C. *Conciergerie*
D. *Palais de justice*
E. *Sainte-Chapelle*
F. *Marché aux fleurs et aux oiseaux*
G. *Préfecture*
H. *Hôtel-Dieu*
I. *Église Notre-Dame*
J. *Square Jean XXIII*

Sainte-Chapelle (ill. p. 12), en effet, d'un plan fort simple, concentre toute sa force dans un élan vertical sans pareil, scandé par de puissants contreforts. Entre eux : le vide, ou plutôt le chatoiement de verrières immenses, qui abolit la matière et transporte les âmes au cœur de la Jérusalem céleste. Par la suite, Philippe le Bel entoura le sanctuaire de bras puissants, dont les tours et les salles de la Conciergerie perpétuent le souvenir brouillé. C'était le chant du cygne. Abandonné aux hommes de justice après que Charles V dauphin y eut souffert les pires humiliations (voir Marcel), le Palais se mua en labyrinthe administratif, dévorant tout ce qui l'entourait. La place* Dauphine y perdit l'un de ses côtés. Malgré cette amputation, elle demeure, avec le marché aux fleurs, non loin du pont Notre-Dame, le coin le plus pittoresque de la Cité. À vrai dire, l'île n'est jamais aussi belle que lorsqu'on la contemple depuis la passerelle des Arts, ou bien quand on longe ses flancs depuis les quais de la rive gauche. Avec le Vert-Galant pour figure de proue, et Notre-Dame pour château arrière, sa carène de pierre donne corps à la figure héraldique des nautes.

■ Concierge

Elle apparaît vers 1830, quand, à la faveur d'un regain spéculatif, prolifèrent les immeubles de rapport. Leurs propriétaires – qui n'y habitent pas – se cherchent un agent, un œil capable de les représenter : la « bignole ». Recluse dans sa loge exiguë et sans le moindre confort – il en est ainsi encore aujourd'hui dans certains quartiers –, elle se voit d'emblée

Rue du Paradis.
Photographie de
Martine Franck.

contrainte par une ordonnance de police de balayer devant sa porte les déchets ménagers. Receveur des loyers, elle s'acquitte de sa tâche avec un zèle ignoré du « proprio » et sanctionné par les locataires, rarement magnanimes à l'heure des étrennes. Et parce que, un logement venant à se libérer, on la présume maîtresse du choix de ses nouveaux occupants, elle se trouve suspectée de toutes les corruptions, de toutes les délations. Elle n'en demeure pas moins populaire. À peine est-elle apparue qu'Eugène Sue l'immortalise sous les traits de Piplet, personnage des *Mystères de Paris* (1842-1843). Un siècle et demi plus tard, la « piplette » fait l'objet d'un culte nostalgique. 85 000 avant guerre,

50 000 aujourd'hui... la profession cède le pas au digicode, réputé moins bavard et plus économique. L'argument fait sourire, quand on sait que, pour survivre, les concierges doivent exercer toutes sortes de petits métiers, celles des 18e et 19e arrondissements passant pour beurrer et rencoquiller, « au noir », les escargots destinés aux traiteurs de la ville. Avec l'humanité forcément cocasse des vigies postées au ras du caniveau, ce sont les relents familiers de ces petits frichtis de fond de loge que pleure le Parisien lorsqu'il relit Céline : « Une ville sans concierge, ça n'a pas d'histoire, pas de goût, c'est insipide telle une soupe sans poivre ni sel, une ratatouille informe. »

■ Concorde (place de la)

Ce pourrait être un port idéal de Claude Lorrain. Ici, nous dit Jacques Réda, « l'espace devient tout à coup maritime. Même par vent presque nul, un souffle d'appareillage s'y fait sentir ». Ici, c'est la place* de la Concorde, ce miracle par lequel Paris a gagné le grand large.

En 1748, la ville décida d'ériger une statue* équestre de Louis XV au milieu d'une place nouvelle. Flatté, le roi libéra bientôt les terrains qu'il possédait entre les Tuileries* et les Champs*-Élysées, et au terme d'un vif débat théorique, auquel Voltaire même se mêla, on confia à Gabriel le soin d'aménager ce prestigieux trait d'union.

L'architecte, s'appuyant sur des plans de Boffrand, éleva très en retrait du fleuve deux palais identiques, solidement campés de part et d'autre de la rue Royale, dorsale d'une perspec-

Place
de la Concorde.

tive lente à se dessiner (voir Madeleine). Quatre paires de guérites commandaient les accès de l'esplanade. De larges fossés en dessinaient les contours. Treilles, pommiers et… cabanes de passe y foisonnèrent, avant qu'on ne les comble au siècle dernier. On parle aujourd'hui de les rouvrir. Par l'alliance du ciel, du fleuve et des vertes frondaisons qu'elle recherche ostensiblement, par son ouverture sur la ville dont elle amorce une spectaculaire poussée vers l'ouest, cette disposition rompt avec le parti traditionnel de la place-écrin pieusement tournée vers la figure centrale du roi. Celle du Bien-Aimé, due à Bouchardon, mordit comme tant d'autres la poussière. Une guillotine la remplaça, qui devait avoir raison de Louis XVI. Peu enclin aux hommages passionnés, Louis-Philippe fit dresser là l'obélisque de Louqsor, monument d'une parfaite neutralité, promu depuis symbole national.

Défense (quartier de la)

Si l'on devait inventer un passé à cette Babylone champignon, il faudrait remonter au règne de Louis XV, lorsque l'ingénieur Perronet jette au-dessus de la Seine* le premier pont de Neuilly. Le rond-point alors tracé sur la butte de Chantecoq anticipe de deux siècles le prolongement de l'axe triomphal esquissé par Le Nôtre aux Champs*-Élysées. C'est là que, en 1883, Barrias élève son allégorie frigide du siège de Paris. Le centre d'affaires censé cristalliser toute l'agressivité de l'éco-

Le parvis
de la Défense.

nomie nationale lui doit son nom quelque peu paradoxal : la Défense.

Ce complexe devait permettre une concentration sans précédent d'activités, à l'abri des engorgements du centre. Inscrit dans une perspective symbolique, il affirmait les ambitions d'un pays tiré des affres de la Reconstruction. Le premier projet établi en 1956 par Camelot, de Mailly et Zehrfuss prévoyait une alternance de bureaux et de logements. Le CNIT, immense ombrelle de béton déployée sur 238 mètres, en est l'emblème. Mais très vite le quartier mixte cède le pas à la cité d'affaires. Une dalle piétonne recouvre un nœud ferroviaire et routier, ceinturée d'une rocade qui dessine approximativement une grosse poire, référence involontaire à la « grosse pomme » new-yorkaise. Les tours gagnent en altitude, au point que celle du Gan crée le scandale. La crise pétrolière survient tandis que l'on départage les projets d'aménagement de la « tête Défense ». L'architecte danois Otto von Spreckelsen propose un compromis ingénieux : un cube titanesque évidé, pour ne pas fermer la perspective, mais légèrement désaxé par rapport à elle, afin de mettre en évidence sa profondeur et son volume. Ce pivot à claire-voie repousse le buttoir de l'axe triomphal. Celui-ci, malgré des lenteurs, se fraye un passage à travers les friches de Nanterre où l'on a inauguré en 1998 les jardins* de Gilles Clément.

■ École militaire

Soucieux de ménager ses armées au lendemain de la dure guerre de Succession d'Autriche, Louis XV ordonna la fondation d'un collège réservé à l'instruc-

tion de cinq cents cadets issus de la noblesse désargentée. La Pompadour, qui voyait là un moyen comme un autre d'étancher sa soif d'immortalité, apporta un soutien constant à l'entreprise, y allant de sa cassette personnelle quand les crédits firent défaut. Les travaux débutèrent en 1751, sous la direction de Jacques-Ange Gabriel. Cinq ans plus tard, un premier contingent d'élèves essuyait les plâtres au milieu d'ouvriers démotivés : la chapelle ne serait débarrassée de ses échafaudages qu'en 1772.

Celle-ci, habilement fondue dans l'ensemble des bâtiments par un jeu de fenêtres feintes, ne rompt en rien le parfait équilibre de ce chef-d'œuvre de discipline. C'est depuis la place Fontenoy qu'il faut l'admirer, où, comme à Versailles, une série de plans successifs conduit le regard vers le pavillon central, signalé par un élégant dôme à pans coupés. La façade opposée, dont l'effet se dissout dans un alignement d'ajouts ultérieurs, ouvre sur ce qui fut un champ de manœuvre, très tôt dévoyé puisque, dès 1780, on y donnait des courses de chevaux. Les fastes illusoires de la fête de la Fédération rendirent bientôt ce champ de Mars aux chasseurs de lapins. On y planta encore le décor des Expositions* universelles, l'utopiste Hénard proposant même de l'affecter au trafic des dirigeables, avant qu'une immanquable opération immobilière ne l'ampute de moitié. Il lui reste de son passé militaire une aridité poussiéreuse et ces bourrasques violentes que bravent parfois des cavaliers à képi – jusqu'à huit heures du matin, dernier carat.

Le colonel de la Rochetulon présente aux recrues l'étendard du 6e régiment de cuirassiers devant l'École militaire de Paris, janvier 1887 par Louis-Auguste Loustaunau. H/t 143 × 177. Musée national du château de Versailles.

◼ ÉGLISES
Paris, ville-Dieu

Paris compte 106 paroisses mais ne recèle pas moins de 350 églises, chapelles ou temples, auxquels il conviendrait d'ajouter les mosquées et les synagogues. En dépit d'une telle profusion, seul le clocher de Saint*-Germain-des-Prés pourrait témoigner de l'an 1000. Aux injures du temps se joignirent les outrages alternatifs du fanatisme et de la négligence, à la liste desquels s'inscrit le zèle des adeptes de Vatican II qui justifia, parmi d'autres sacrilèges, le démontage du banc d'œuvre de Saint-Gervais, attribué au fameux ébéniste Jacob-Desmalter.

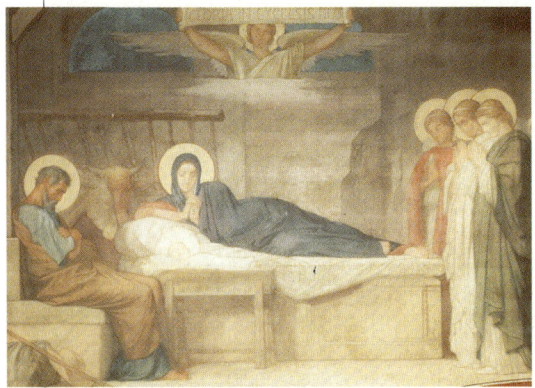

Quant à l'iconoclasme révolutionnaire, il tient ici une place doublement déterminante. Jamais dévastation ne fut plus méthodique, au point que l'on considère aujourd'hui qu'à peine un pour cent du mobilier alors saisi et dispersé a retrouvé sa place. C'est cependant ce vide laissé par la tourmente qui a suscité le formidable effort du XIXe siècle. Par le concordat de 1801, l'État devenait propriétaire des cathédrales, tandis que les églises relevaient des communes – patrimoine auquel la loi de séparation de l'Église et de l'État devait ajouter le mobilier antérieur à 1905. C'est donc à l'initiative de préfets comme Chabrol ou Rambuteau que fut entreprise une audacieuse politique de restauration et de construction, longtemps supervisée sur le terrain par Baltard, qui s'accompagna de nombreuses commandes auprès d'artistes prestigieux : Cortot, Pradier ou Triqueti pour la sculpture, Ingres ou Abel de Pujol pour les cartons de vitraux… Delacroix œuvra à Saint-Sulpice*, Chassériau à Saint-Roch et Saint-Philippe-du-Roule, Flandrin à Saint-Germain-des-Prés, Bouguereau à Saint-Augustin, faisant de leur siècle un âge d'or. La loi de 1905 en marqua le terme brutal, interdisant notamment à l'État d'intervenir dans l'embellissement des églises. Heureusement, cette fermeté mollit quelque peu et, grâce à l'appoint des finances publiques, la ville peut mener à bien un vaste programme de restauration, entrepris en 1992 et qui prend en compte avec le même soin architecture et décors.

Hippolyte Flandrin, *Nativité*, 1856-1861. Cire et huile, 250 × 310. Église Saint-Germain-des-Prés.

◼ Enceintes

La bourgade des *Parisii* se cantonnait à l'actuelle Cité* ; « la grève de cette île fut sa première enceinte et, nous dit Hugo, la Seine son premier fossé ». Une muraille la protégea néanmoins dès que la barbarie menaça la paix romaine, à la fin du IIIe siècle. Une palissade dut lui succéder vers l'an 1000, englobant péniblement deux tertres émergeant du marais de la rive droite. Il s'agissait alors de se défendre contre tous : les puissances étrangères, les grands du royaume, la racaille… Et, partant en croisade, Philippe Auguste ne manqua pas d'ordonner l'érection d'un mur haut de 9 mètres, flanqué d'une soixantaine de tours. Le

plantées (voir Boulevards) ; Louis XVI crut pouvoir faire de même. Le mur qu'il fit élever pour la plus grande commodité des fermiers généraux, collecteurs de la taxe, dressa le peuple contre lui. Et des élégantes barrières construites par Ledoux à l'imitation des villas palladiennes, ne subsistent que quatre miraculées (les rotondes de Chartres et de la Villette*, les barrières du Trône et d'Enfer).

Par un anachronisme dont les Prussiens ne tarderaient pas à se gausser, la capitale de Louis-Philippe se retrancha à nouveau derrière un coûteux dispositif militaire : les « Fortifs »… Leur unique mérite fut d'avoir anticipé l'annexion des banlieues (1860). C'est leur tracé, lisible dans les boucles du Périphérique*, qui donne encore à Paris sa forme de cerveau en coupe.

■ Expositions universelles

On a perdu la mesure de ce que les Expositions universelles ont apporté au badaud du XIXᵉ siècle. Voyager relevait de l'aventure, et bien des royaumes vivaient repliés sur leurs particularismes. Présenter les fleurons de leur industrie sous un même ciel mettait, par un miracle impensable, le monde entier à la portée du plus modeste. Ces rassemblements tapageurs transmettaient également un message politique. Ainsi, en 1855 et 1867, le second Empire afficha sa prétention de surpasser le premier ; en 1878, année où l'on révéla le téléphone et le réfrigérateur, la France meurtrie exhibait ses forces recouvrées ; onze ans plus tard, la république engloutissait ses contempteurs sous les fastes du centenaire de la Révolution…

Louvre* en marquait le verrou occidental ; on craignait encore les raids fluviaux. Largement dédoublé par Charles V sur la rive droite – la Bastille* apportant au Louvre son pendant oriental –, le mur de Philippe détermina pour cinq siècles les limites administratives de la rive gauche. Abandonné mais jamais arasé, il a laissé d'importants vestiges (rue des Jardins-Saint-Paul, rue des Francs-Bourgeois, rue Clovis, passage* du Commerce, rue Guénégaud…).

Tandis que les Valois, puis Louis XIII s'efforçaient d'élargir l'enceinte de Charles V, la ville, impunément, s'étendait. Le royaume aussi. Il n'était plus question de se défendre, mais de borner un périmètre fiscal, toute marchandise y pénétrant se trouvant frappée d'octroi. Louis XIV l'élargit considérablement en 1670, préférant aux remparts de larges avenues

Rotonde de Chartres (parc Monceau) par Claude Nicolas Ledoux, v. 1785.

De 1855 à 1937, Paris accueillit six Expositions universelles. Leurs installations se déployaient le long de la Seine* dans un triangle compris, pour l'essentiel, entre la Concorde*, le Trocadéro* et l'École* militaire. Il en reste de nombreux témoignages. À commencer par la tour Eiffel qui de sa « haute taille de saurien dressé sur les pattes de derrière » (Mac Orlan) toise la ville dont elle est devenue le symbole. Signal de l'Exposition de 1889, elle ne devait pas lui survivre, et d'innombrables détracteurs, parmi lesquels Huysmans fut le plus âpre, exigèrent son déboulonnage. Mais 18 000 poutrelles et 2 500 000 rivets, le tout pour 7 000 tonnes de ferraille, eurent raison du tapage. Depuis, 5 600 000 admirateurs montent chaque année à l'assaut du « chandelier creux ». Plus significatif encore des aspirations et des ambiguïtés d'un âge d'or industriel, l'héritage de l'Exposition de 1900 continue d'accompagner le Parisien dans ses actes quotidiens – le réseau métropolitain fut inauguré à cette occasion, tout comme la gare* d'Orsay. On a beau déplorer la pudeur académique dont s'affuble leur structure, le Grand Palais et son vis-à-vis forment avec le pont Alexandre-III une perspective des plus radicales, tout droit sortie des cartons de l'utopiste Hénard. Jamais Paris n'aura tant rêvé de progrès. Trente-sept ans plus tard, d'arrogantes casemates à l'antique (voir Trocadéro) feront mine d'y croire. Mais ni les ouvriers en grève, ni les visiteurs ne s'y trompent. Lors des cérémonies inaugurales, seuls les pavillons nazi, soviétique et fasciste sont achevés. Ce qui subsiste du fiasco, c'est le doute.

L'Exposition universelle de 1900, la tour Eiffel et le Globe de la nuit.

Une fontaine
Wallace,
à Montmartre.

À droite :
la fontaine
Stravinski,
près de Beaubourg.

■ Fontaine

À Bonaparte qui lui demandait comment il pourrait se rendre agréable aux Parisiens, le préfet Chaptal répondit : « Donnez-leur de l'eau. » En effet, le siècle des Lumières s'achève et l'eau potable manque. En dehors des berges délétères du fleuve et d'une multitude de puits non moins douteux, cinquante-six fontaines ne fournissent à chaque habitant qu'un litre d'eau claire par jour. Dès Philippe Auguste, la concentration humaine pose le problème de l'adduction d'eau préservée de toute pollution : deux aqueducs souterrains alimentent bientôt trois premières fontaines publiques, dont celle du cimetière* des Innocents. Paris compte alors 50 000 âmes. Les progrès seront lents. 35 fontaines en 1669, 127 en 1835, et souvent d'un débit maigrelet… Paris crève de soif ou s'empoisonne. Bien plus qu'un ornement, la fontaine est alors une nécessité. C'est aussi un lieu de rencontre : les ménagères y cancanent, les porteurs d'eau jouent des coudes… « L'eau à tous les étages », expérimentée en 1784, généralisée un siècle plus tard, dispersera ces assemblées familières.

Avec la Renaissance, le monument fait irruption dans une ville idéalisée, sans cesse repensée. Le point d'eau s'ennoblit sous le burin de Goujon qui pare, en 1549, la nouvelle fontaine des Innocents d'allégories sensuelles, navrées du fouillis médiéval environnant. Quelques chefs-d'œuvre suivront, dont l'hémicycle des *Quatre Saisons* astucieusement glissé entre deux façades de la rue de Grenelle par Bouchardon, avant que le XIXᵉ siècle n'en sème à tous les carrefours (fontaine Saint-Michel par Davioud, groupe des *Quatre Parties du monde* par Carpeaux). Philanthrope, sir Richard Wallace y ajoute ses « pipis » à cariatides, d'où pendait un gobelet pour désaltérer le passant. Libéré de la peur de manquer, le XXᵉ siècle avoue un penchant pour les bassins et les jeux d'eau tels que la fontaine Stravinski, animée par Tinguely et Niki de Saint-Phalle.

■ Gare

La construction des gares fut la grande affaire du XIXᵉ siècle. Avec le chemin de fer, la modernité industrielle faisait irruption dans une ville encore largement dominée par une typologie monumentale héritée du Moyen Âge : palais-église-enclos conventuels, dernier schéma auquel se pliaient indifféremment les hôpitaux, les

La gare du Nord.

écoles ou les casernes. La révo-lution technique appelait une architecture inédite. Et s'il ne reste rien des premiers « embar-cadères » aménagés sous la monarchie de Juillet, c'est que leur conception dénotait une cruelle perplexité, sinon une totale imprévoyance. Nul, en effet, n'anticipa la brutale expansion urbaine alors immi-nente, ni le retentissement d'un moyen de transport regardé au mieux comme un jouet, au pire comme le vecteur calaminé de la tuberculose. Le second

Empire ne résolut pas l'épineux problème de l'implantation, une situation centrale plongeant des rues entières dans le vacarme et la suie, l'éloignement périphérique, plus salubre, rebutant des Parisiens peu enclins à traverser les bas quartiers en omnibus.

En revanche, il élabora avec le concours de Hittorff, auteur de la gare du Nord, la silhouette caractéristique de la gare parisienne, à la fois butoir et propulseur d'un réseau en étoile, et sut façonner son environnement en conséquence. La frontalité de sa façade, ses amples verrières ouvertes comme des gueules au fond d'une perspective tracée tout exprès pour elle, affirment la prééminence de la capitale sur le reste du pays. La province, justement, a investi en douceur les abords du terminus qui la dessert. En dépit d'une modernisation radicale, Montparnasse* regorge toujours de crêperies bretonnes, et le quartier de la gare de l'Est de brasseries* alsaciennes.

◼ Geneviève (sainte)

Geneviève (v. 420-502) ne fut pas la touchante « bergère de Nanterre » dont la mémoire populaire a colporté l'image. Fille d'un Franc romanisé, officier de haut rang rendu à la vie civile pour quelque magistrature parisienne, elle put dès sa jeunesse trouver une audience à son charisme prophétique. Et c'est en apôtre avisé que saint Germain, illustre évêque d'Auxerre, la convainquit de vouer son existence au service de Dieu. Forte de ce haut patronage et d'une accoutumance précoce au débat politique, Geneviève parvint, non sans risque, à dissuader les notables parisiens de s'enfuir à l'approche des hordes d'Attila. Les Huns, en effet, ne vinrent jamais, et cette providence fut saluée comme un miracle. Dès lors, son prestige ne cessa de croître, et avec lui, le poids de sa parole dans les affaires publiques : elle fit élever la première basilique dédiée à saint Denis, achemina des vivres à ses

---

concitoyens affamés, et, plus tard, joua un rôle considérable dans la conversion de Clovis. Celui-ci entoura d'une basilique la sépulture de la sainte. L'édifice, maintes fois recons-truit, est aujourd'hui le tombeau des « grands hommes ». Geneviève n'y repose plus, ses reliques, malmenées à la Révolution, ayant été reléguées à Saint-Étienne-du-Mont. Le grand cycle historié de Puvis de Chavannes, aux parois du Panthéon*, y a perdu le peu de crédit que l'Histoire, réexaminée, lui avait laissé.

Patronne de Paris, Geneviève est un peu sa Judith, son Esther, la Femme qui, lorsque tout s'effondre et que l'homme désespère, rayonne d'assurance et réveille l'orgueil des peuples. Elle reste la plus sûre passerelle jetée au-dessus du gouffre d'ignorance qui sépare le crépuscule de Rome de l'émergence d'une chrétienté franque.

■ Haussmann (baron)

Jamais un personnage n'aura aussi durablement cristallisé les passions d'une ville qui, pourtant, lui doit l'essentiel de sa substance. On a trop commodément brocardé les arrière-pensées policières de celui qui a « sabré » à coup d'avenues recti-lignes la touffeur d'un foyer insurrectionnel jamais éteint (voir Barricades). Et dans le sillage de Jules Ferry, on s'est repu de la gabegie budgétaire des « comptes fantastiques d'Haussmann » sans trop s'avouer l'ampleur de l'œuvre accompli.

Certes, expropriations autoritaires et spéculation édilitaire ne sont pas manières de gentleman. Néanmoins, de 1852 à 1870, 80 000 ouvriers construisirent 102 500 maisons. « Rien que pour les bourgeois ! » a-t-on glapi de toutes parts. Pas exclusivement. Et puis, Haussmann tout comme Napoléon III, auteur abusé de *L'Extinction du paupérisme* (1846), espéraient

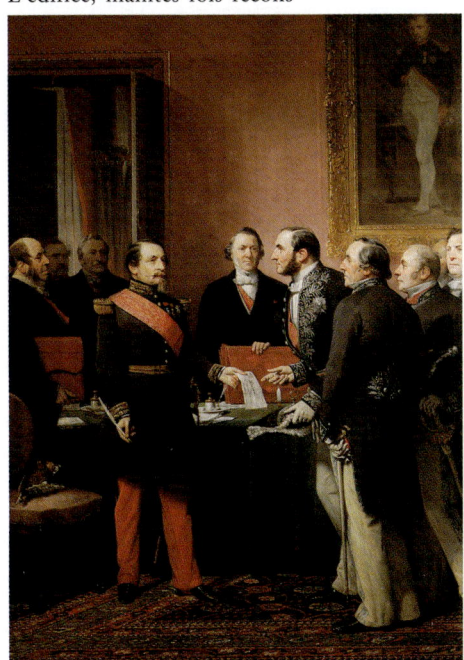

pouvoir drainer les plus démunis vers les logements anciens mais salubres qu'auraient abandonnés les nantis au profit des nouveaux quartiers.

Il n'en reste pas moins que la vascularisation du centre, la greffe de nouveaux arrondissements et le pontage entre les principales gares* ont revigoré pour cent ans le vieux corps malade. La qualité des collaborateurs a beaucoup contribué à la pérennité de l'héritage : l'ingénieur Belgrand, qui résolut le double problème de l'adduction de sources lointaines et de la collecte des eaux usées ; Alphand, grand jardinier du règne ; les architectes Garnier et Baltard dont l'Opéra* et l'église* Saint-Augustin – on dit chez nous « le casque à pointe » – verrouillent les perspectives si chères au préfet ; Davioud, à qui l'on doit, avant la lettre, cet ineffable mobilier urbain dont la vespasienne fut longtemps le clou.

Paris a payé cher ? Haussmann aussi. Une reconnaissance s'ébauche, tardive, hypocrite. La statuette façon nain de jardin, érigée en 1991 sur le boulevard qui porte son nom, est l'ultime outrage qu'on lui a fait.

L'Hôtel de Ville.

■ Hôtel de Ville et mairies

Outre son Hôtel de Ville, Paris possède vingt mairies. Cette abondance de palais municipaux est une conséquence paradoxale de la méfiance atavique du pouvoir central à l'égard de sa capitale. Le roi s'était prémuni en dressant son prévôt contre celui des marchands. Plus radical, Bonaparte avait substitué au maire unique instauré par la Révolution un collège de maires d'arrondissement. Pendant près de deux

siècles, le pouvoir effectif reposa entre les mains de fonctionnaires, le préfet de la Seine et le préfet de police, qui, pour être étroitement contrôlés, n'en marquèrent pas moins les destinées de la ville : les urbanistes Rambuteau et Haussmann, le pragmatique Eugène Poubelle, père éponyme de la boîte à ordures, et, plus récemment, le préfet de police Grimaud dont la prudence préserva du carnage les émeutes de Mai 68…

Édifiées pour la plupart dans la seconde moitié du XIXe siècle, les mairies d'arrondissement empruntent à toutes les réminiscences de l'éclectisme : rose et beffroi flamboyants dans le 1er (Hittorff et Ballu), castels Renaissance dans les 10e et 12e, monumentalité classique dans le 13e, etc. Leurs plafonds

comme leurs lambris ne pouvaient espérer mieux qu'une litanie de héros convenables et d'allégories lénifiantes. Le meilleur de cet art officiel se trouve à l'Hôtel de Ville, rebâti par Ballu après l'incendie de la Commune. Puvis de Chavannes, Bonnat, Laurens ou encore Barrias et Frémiet contribuèrent au faste inouï d'un décor censé exalter des libertés communales par ailleurs bafouées.

L'État ne devait assouplir son contrôle qu'en 1977 : le préfet s'est éclipsé au profit d'un maire élu, le maintien de l'ordre demeurant néanmoins entre les mains du préfet de police. La méfiance persiste. On se demande pourquoi, le beau savoir-faire insurrectionnel ne se cultive plus qu'en banlieue.

■ Invalides (hôtel des)

Grand œuvre humanitaire du Roi-Soleil, l'hôtel des Invalides reste, à Paris, le plus prestigieux témoignage de son règne. Qu'on l'aborde par l'esplanade déroulée depuis le fleuve, vide insolent tout entier dévolu à la noblesse martiale des façades de Libéral Bruant, ou par l'une des avenues rayonnantes dont la chapelle royale de Jules Hardouin-Mansart marque la perspective, ce monument clame toute la hardiesse d'un apogée.

Las de savoir les vétérans de ses armées abandonnés aux turpitudes d'une vieillesse errante, Louis XIV ordonna en 1670 la construction d'un hospice alors unique en son genre. Malgré l'ambition du programme – une vaste caserne conventuelle éten-

Hôtel des Invalides, façade
sur l'esplanade.

due sur plus de dix hectares –, une première cohorte d'estropiés y fit son entrée quatre ans plus tard. Les 1 500 lits prévus ne suffirent bientôt plus. La vie s'organisa cependant au rythme des exercices militaires et des devoirs religieux. Mais l'église* manquait encore. Bruant buttait sur la conjugaison d'une chapelle des soldats et d'un sanctuaire royal. Hardouin-Mansart imposa sans mal son projet, miracle d'ordre et d'éloquence. Si les décors peints de Lafosse, Jouvenet et Coypel subsistent bien, l'intérieur de la chapelle royale fut bouleversé lorsque Visconti résolut en 1840 de pratiquer en son centre une excavation destinée à recevoir le tombeau de Napoléon. Converti en panthéon des gloires militaires, ce joyau du classicisme tranche sur l'austérité des autres bâtiments, que seule la fantaisie des lucarnes parvient à rompre : le jour y passe à travers les cuirasses de chevaliers blessés, le bras en écharpe, le visage criblé de biscaïen, ou encore, dans la cour, entre les pattes d'un loup dressé – ce « loup voit » et, par un calembour inattendu, rappelle l'action déterminante du ministre dont il figure les armes.

Hôtel des Invalides, détail d'une lucarne.

■ Jardin

À l'examen d'une photo satellite, l'agglomération parisienne apparaît bien aride, et c'est un lieu commun que de lui opposer Londres avec ses prairies infinies et ses promenades cavalières. La raison en est simple : l'extrême morcellement de la propriété foncière mit un frein, dès l'origine, à l'épanouissement de

Le parc des Buttes-Chaumont.

grands domaines princiers. Poussées démographiques et spéculation immobilière ont eu raison d'une mosaïque de parcelles vivrières sans laquelle Paris n'aurait pu respirer. Cette raréfaction, de récents aménagements l'ont à peine compensée, et le cœur de la capitale n'offre pas plus de parcs publics qu'à la veille de la Révolution. Les élégantes exhibaient déjà leurs toilettes aux Tuileries*, au Luxembourg*, au Palais-Royal ou à la folie de Chartres (voir Monceau), le bon peuple s'oxygénant le long des boulevards arborés qui, depuis Louis XIV, marquaient les limites fiscales de sa ville – il conservera cette habitude jusqu'à l'arasement des « fortifs ».

C'est Haussmann* qui, le premier, produisit l'effort nécessaire, s'attaquant d'emblée au bois de Boulogne, antique forêt du Rouvray jusque-là infestée de renards et d'aigrefins. Les travaux furent confiés à Alphand, « ingénieur en chef des embellissements », à qui l'on doit notamment le parc Montsouris et, plus magnifique encore, celui des Buttes-Chaumont qui exploite à merveille le relief chaotique d'anciennes carrières à ciel ouvert. Une telle politique, dotée de grands moyens et, somme toute, équitable dans ses objectifs, reste un exemple unique dans l'histoire de Paris. Un renouveau s'est néanmoins esquissé à la faveur des Grands Travaux, et avec lui, un retour au jardin pittoresque traditionnel, parsemé de fabriques, des serres et d'enclos à thèmes. Le parc André-Citroën, dans le 15e arrondissement, en reste l'exemple le plus réussi.

◼ LOUVRE
Le « Grand Dessein »

La grosse tour que fait édifier Philippe Auguste à proximité du fleuve, sur les terrains d'une ancienne louveterie dont elle tire son nom, n'est qu'une place forte royale parmi d'autres, à la fois trésor et prison, qui ne doit sa prééminence qu'aux archives qu'on y a déposées. Charles V seulement lui apportera les agréments d'un palais, dont la fameuse bibliothèque riche de 843 manuscrits enluminés, et il faudra attendre François Ier pour que le Louvre devienne le siège effectif du pouvoir. En dépit de longues éclipses, il le sera encore en 1870. Il n'est pas de récit plus fidèle des passions qui lièrent les gouvernants à leur capitale, depuis le vainqueur de Bouvines soucieux de se prémunir contre une invasion, jusqu'à François Mitterrand qui souhaitait faire de Paris la capitale culturelle du monde. Pas de meilleur récit non plus des amours impérieuses de la France et de l'Italie. Car c'est là-bas qu'il faut aller chercher le modèle du « Grand Dessein ». La construction des Tuileries*, entreprise par Catherine de Médicis, en a déterminé les orientations : il fallait rattacher cette demeure à la cour du roi par un chemin sûr, à l'image du Palais Pitti, à Florence, relié au

Palazzo Vecchio par une galerie continue qui emprunte les bâtiments des Offices et le pont couvert sur l'Arno. Ainsi naquit la Galerie du bord de l'eau et, plus tard, son double septentrional, le long de la rue de Rivoli. Le « Grand Dessein » scelle aussi la rupture, lorsque Louis XIV, après avoir écarté le projet de Pierre de Cortone, renvoie chez lui le cavalier Bernin, célébrissime architecte de la place Saint-Pierre à Rome, au profit d'un médicastre obscur, Claude Perrault, dont la colonnade devient le parangon du classicisme français. Raymond du Temple, Pierre Lescot, Lemercier, Le Vau, Percier et Fontaine, Visconti et Lefuel... on n'a pas fini de compter les architectes qui se sont attelés à cet éternel chantier. Il n'est pas une représentation de Paris qui ne le montre sous un état différent, dépourvu de toiture (plan Turgot), ouvert à tout vent, et si vide le plus souvent, que dans la grande galerie Henri-IV pouvait organiser pour le divertissement de son fils une chasse au renard. En 1868, on crut le grand ouvrage conduit à son terme. Trois ans plus tard, les communards incendiaient les Tuileries. Depuis, « le plus grand musée du monde » tend ses bras vers le couchant. André Breton voyait là le sexe de Paris. On n'ose se demander quelle image lui aurait inspirée la pyramide de Pei.

■ LUTÈCE
Le berceau de Moïse

Les *Parisii* que Labienus étrille en 52 avant J.-C., peut-être sur la plaine de Grenelle, occupent cette boucle du fleuve depuis deux siècles. Ils frappent de magnifiques statères d'or, témoins d'une économie florissante déjà fondée sur la batellerie. Leur oppidum se dresse sur une île prise entre deux bras aisément franchissables ; ne pouvant le défendre, Camulogène, leur chef, l'a incendié. Les Romains le relèveront selon l'immuable principe d'une croisée orthogonale, l'étendant pour cela à la rive gauche – les rues Saint-Martin et Saint-Jacques en perpétuent l'axe nord-sud. Ville ouverte sur la plaine, Lutèce compte plusieurs thermes, un vaste forum, des « arènes » – toujours visibles – tenant à la fois du théâtre et du cirque. L'île concentre l'essentiel de l'activité portuaire ; sa position en fait le siège du pouvoir et, semble-t-il, de la vie spirituelle. Le pilier des Nautes, découvert en 1711, permet d'observer une juxtaposition des panthéons romains et gaulois. En outre, il en dit long sur le pouvoir des bateliers, ces nautes qui semblent avoir également financé les thermes de Cluny.

Plusieurs fois dévastée au cours du IIIᵉ siècle, Lutèce se replie sur l'île, que l'on s'empresse de fortifier. Il semble cependant que la rive gauche n'ait jamais été complètement abandonnée. La rive opposée reste rurale, et seul le temple des Martyrs, visible jusqu'au XVIIᵉ siècle au sommet de Montmartre*, semble la soumettre à la « paix romaine ». Cette paix, Lutèce l'a goûtée suffisamment pour laisser le souvenir d'un agréable séjour. Julien en a décrit les vignes et les figuiers. Il pouvait bien. En sa « chère Lutèce », des légions rebelles l'avaient fait empereur.

Reconstitution des thermes de Lutèce et de l'hôtel de Cluny : vue intérieure du frigidarium. Aquarelle de Camille Bernard, 1914. Paris, Bibliothèque historique de la Ville de Paris.

Le jardin
du Luxembourg.

🟩 Luxembourg

Caprice de Marie de Médicis, le palais du Luxembourg élevé par Salomon de Brosse en 1615 marque le triomphe de l'italianisme. Il abrite aujourd'hui les représentants de la France profonde, l'assemblée « du seigle et de la châtaigne » : le Sénat.

Tour à tour résidence du comte de Provence – futur Louis XVIII – et des protagonistes du Directoire, affecté plus tard au Conseil des Anciens puis à la Chambre des pairs, il a subi de nombreux réaménagements : Chalgrin y a notamment lancé un théâtral escalier d'honneur, Alphonse de Gisors a doublé l'aile sud d'un pastiche illusionniste. Les vingt-quatre grandes compositions de Rubens relatant la vie de Marie de Médicis – aujourd'hui au Louvre* – en ont fait les frais, difficilement compensées par un plafond de la bibliothèque exécuté par Delacroix.

Malgré sa silhouette familière, miraculeusement inchangée, ce château de ville ne serait rien au cœur des Parisiens s'il n'ouvrait sur un merveilleux jardin*. Une foule d'amoureux, de bambins en larmes, de nounous furibardes ou d'étudiants qui grignotent sur les bancs y tient ses quartiers d'été, semblable à celle que dépeint Gide dans *Les Faux-Monnayeurs* (1925). Inspiré des jardins Boboli, il avait été conçu lui aussi comme un morceau d'Italie. Le néoclassicisme de Chalgrin le naturalisa français ; le second Empire le mâtina de désinvolture anglaise. Parterres, bassins, talus et balustrades s'accommodent sans mal d'un peuple souriant de poètes vert-de-gris et de reines pétrifiées. Du rêve de la reine Marie, ne subsiste que la fontaine* Médicis, havre de mystère qui croupit sous des ombrages forestiers.

Détail du fronton de l'église de la Madeleine par Philippe Joseph Henri Lemaire, v. 1830.

Madeleine (église de la)

Des obsèques à la Madeleine valent bien une translation au Panthéon*. Comme si c'était la gloire des mortels qu'on célébrait là, après celle des soldats de la Grande Armée auxquels Napoléon dédia ce morceau d'Antiquité. Du vœu impérial, il reste cette froideur solennelle, où la componction l'emporte sur la dévotion.

La reconstruction de la modeste église* du bourg de La Ville-l'Évêque procède de l'aménagement de la place Louis-XV (voir Concorde) : le nouveau sanctuaire, monumental, devait fermer la perspective de la rue Royale. Contant d'Ivry fit approuver, dès 1764, un projet proche de celui de Soufflot pour l'église Sainte-Geneviève. Mais à la veille de la Révolution, seul le portique colossal émergeait du chantier. « Toujours des colonnes, enrageait alors Louis Sébastien Mercier, de sorte que les monuments n'ont plus de caractère distinctif, ils ressemblent tous plus ou moins à des temples. » Accès de colère dont Vignon, semble-t-il, ne perçut pas l'écho lorsque, en 1806, il proposa à l'Empereur de supprimer le plan en croix latine initial, au profit d'un volume unique... ceinturé d'un péristyle ! Les travaux s'éternisèrent mais le parti choisi par Vignon fut scrupuleusement respecté, et le paganisme auquel il emprunte son emphase heurta longtemps la conscience des fidèles. Au point que, lorsque l'apparition du chemin de fer nécessita l'aménagement d'« embarcadères », on songea tout d'abord à cette église bafouée. Elle fut finalement consacrée en 1842. Son décor, exécuté pour l'essentiel sous la monarchie de Juillet, est un chef-d'œuvre. Si la nef, chiche de lumière, ne laisse presque rien deviner de ses peintures (Signol, Ziegler...), les groupes sculptés de Pradier, Rude, Etex ou Barye, tout comme l'éloquent fronton de Lemaire ou les portes de Triqueti, enseignent qu'en la matière le siècle ne se résume pas au génie de Carpeaux et de Rodin.

Magasins (grands)

C'est l'horreur de la rue, de sa crasse et de ses dangers, qui a poussé une clientèle considérable dans les passages* couverts de la Restauration. Le triomphe de la moyenne bourgeoisie et l'afflux de biens drainés par le chemin de fer déclenchent quelques décennies plus tard un regain de consommation qui vire bientôt au culte de l'abondance. Des malins s'empressent de lui dresser des temples : les grands magasins. À l'exemple des passages, on y trouve toutes sortes de marchandises, de l'« article de Paris » à la barboteuse, mais cette fois réunies sous la responsabilité d'un seul commerçant. La qualité est garantie, les prix affichés. « Entrée libre » certes, mais on ne marchande pas ; le propriétaire le clame bien assez dans son « almanach » : la marge est calculée au plus juste. Très vite, les galeries de l'Exposition* universelle inspirent une architecture adaptée. Frantz Jourdain en fut le chantre, dessinant même pour l'ami Zola le plan idéal du *Bonheur des dames*. Arcatures métalliques, verrières, polychromie, larges escaliers et coursives réservent le panorama d'une opulence à portée de main. Ces dames chavirent. Concentrés au cœur du quartier des affaires, les grands magasins parisiens n'ont pas eu à souffrir de la prolifération des « supermarchés », et nombre d'entre eux ont célébré leur centenaire dans la liesse. La Samaritaine commande l'accès du Pont-Neuf depuis 1870 ; le Prin-

temps (1863) et les Galeries Lafayette (1895) ont tiré un profit durable de la vogue du quartier de l'Opéra* ; leurs vitrines de fin d'année continuent de déchaîner une marée humaine où surnage une flottille de Pères Noël désabusés. Notable exception, le Bon Marché, doyen du genre (1852), se fait un honneur de perpétuer le chic rive gauche dont il faudra bien qu'il explique un jour en quoi il consiste.

La Samaritaine, façade (rue de la Monnaie) de Franz Jourdain, 1905.

Le Printemps, rayon maroquinerie, 1933.

■ **MARAIS**

Hôtel de Sully, façade sur cour, 1624-1629.

Il faudrait dix Alexandre Dumas pour raconter l'histoire de ce bourbier transmué en cœur galant du Grand Siècle. Car la transmutation des vergers inondables où Charles V entretenait déjà les merveilleux jardins de l'hôtel Saint-Pol ne fut pas aussi soudaine qu'on le croit. Le séjour royal des Tournelles, témoin de la démence de Charles VI comme des derniers instants de Louis XI, avait attiré de longue date les plus notables serviteurs du royaume. De ces faveurs subsistent des tracés et des noms de rues pittoresques – la rue du Petit-Musc ne signifiant rien d'autre que la-pute-y-muse –, l'hôtel de l'archevêque de Sens ou encore la poterne de la demeure du connétable de Clisson, auprès de laquelle résonne encore la cavalcade des assassins du duc d'Orléans. Ce n'est que pour avoir abrité l'agonie d'Henri II que l'hôtel des Tournelles fut abandonné, puis finalement rasé, afin qu'Henri IV et Sully y expérimentent la sobre harmonie d'une place* royale. Si cette place, donc, ne signe pas l'acte de naissance du Marais, elle le transporte néanmoins au faîte de la civilisation. Autour de ce carré jadis propice aux carrousels, Mansart, Lepautre,

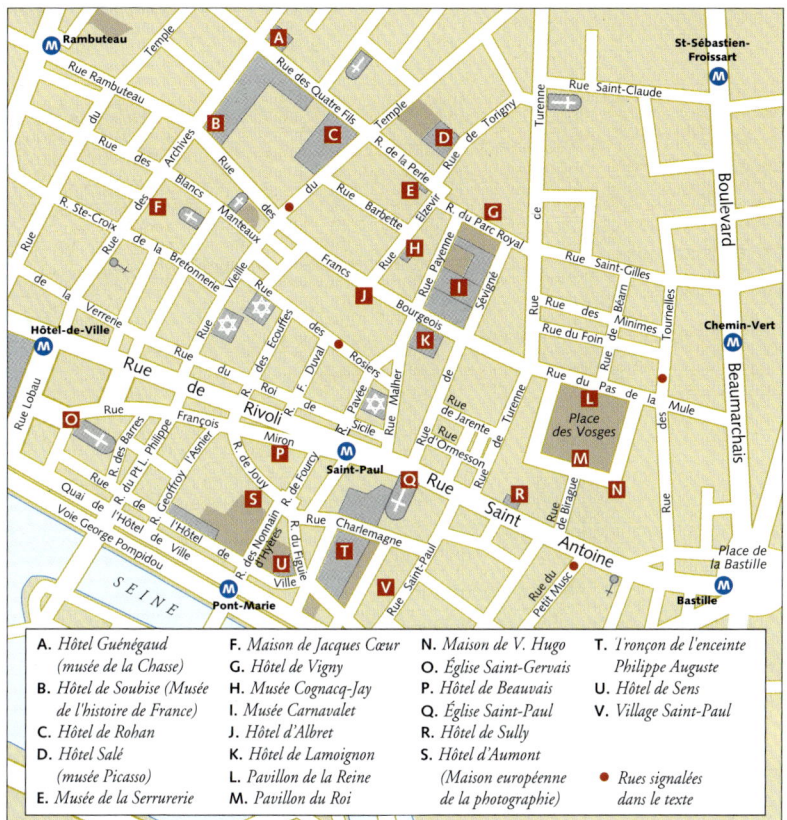

A. *Hôtel Guénégaud* (*musée de la Chasse*)	F. *Maison de Jacques Cœur*	N. *Maison de V. Hugo*	T. *Tronçon de l'enceinte Philippe Auguste*
B. *Hôtel de Soubise (Musée de l'histoire de France)*	G. *Hôtel de Vigny*	O. *Église Saint-Gervais*	U. *Hôtel de Sens*
C. *Hôtel de Rohan*	H. *Musée Cognacq-Jay*	P. *Hôtel de Beauvais*	V. *Village Saint-Paul*
D. *Hôtel Salé* (*musée Picasso*)	I. *Musée Carnavalet*	Q. *Église Saint-Paul*	
E. *Musée de la Serrurerie*	J. *Hôtel d'Albret*	R. *Hôtel de Sully*	
	K. *Hôtel de Lamoignon*	S. *Hôtel d'Aumont* (*Maison européenne de la photographie*)	● *Rues signalées dans le texte*
	L. *Pavillon de la Reine*		
	M. *Pavillon du Roi*		

Boffrand, Delamair ou même Ledoux (hôtel d'Hallwyl) ont enseigné l'art de bâtir au monde entier. Ici naquit le type de la demeure parisienne. Il en reste aujourd'hui une grosse centaine d'exemples, élevés pour des financiers-gentilshommes accrochés aux basques de Fouquet (hôtel Salé) ou pour les passes crapuleuses de Cathau la Borgnesse, en veine d'avoir déniaisé le jeune Louis XIV (hôtel de Beauvais). Mme de Sévigné, qui naquit place des Vosges et se maria à Saint-Gervais, les avait tous visités lorsqu'elle se retira à Carnavalet*. La plupart avaient dérogé, déshonorés par un saucissonnage mercantile, lorsque Malraux crut les sauvegarder en plaçant l'ensemble du quartier sous la protection des Monuments historiques. À l'aveuglement de la table rase succéda la frénésie du curetage interprétatif : c'est en vain que l'on chercherait les spectres affrontés de Mmes de Montespan et de Maintenon derrière les murs de l'hôtel d'Albret, proprement éviscéré, c'est un comble, par les services culturels de la Ville.

La maison de Victor Hugo, le musée Picasso, celui de la Chasse ou encore celui de la Serrurerie drainent autant de touristes que de collectionneurs à barbiche. Muséifié à la hâte, le Marais n'a cependant pas tout perdu de son âme. Rescapés de l'apocalypse, les rabbins et les pourvoyeurs casher de la rue des Rosiers ne craignent pas plus la nouvelle aristocratie républicaine de la place des Vosges que le commerce policé des bars gays et des antiquaires jetés sur la paille.

■ Marcel (Étienne)

L'imagerie patriotique a popularisé cet immense tableau de Jean-Paul Laurens : Étienne Marcel, solidement campé au faîte de sa puissance, protège d'une main impérieuse le dauphin, horrifié autant par le massacre de ses conseillers que par l'humiliation d'avoir dû se coiffer du chaperon rouge et bleu des rebelles ; de l'autre, il contient la barbarie des écorcheurs, ses partisans. Pour dramatique qu'il fût, cet épisode n'eut guère de conséquences durables.

Étienne marcel (1316-1358), héritier spolié d'une lignée de drapiers et de financiers, fut élu prévôt des marchands de Paris en 1355. Il sut habilement profiter de l'émoi suscité par les convocations rapprochées des états généraux et par la captivité de Jean le Bon défait à Poitiers, pour imposer un contrôle strict des finances royales. Le dauphin, futur Charles V, fit mine d'accepter, puis se rebiffa. L'impétueux prévôt arma les Parisiens et les entraîna au Palais pour le petit massacre que l'on sait. Ayant désormais tout à craindre du retour de la paix, donc du roi et, éventuellement, d'une administration assainie, il s'enferra dans une stratégie complexe, ses ambitions demeurant par ailleurs

insondables. Isolé dans un royaume qui ne le suivit pas, discrédité par les atermoiements de son allié Charles le Mauvais, suspecté de faire appel à l'Anglais qui depuis dix ans étrillait la noblesse et rançonnait les gueux, Étienne Marcel fut proprement dépecé par des bourgeois avisés.

Il ne fut pas un Cromwell, encore moins un Godounov, tout juste un démagogue parmi les démagogues auxquels la gabegie donne du coffre. La IIIᵉ République, en quête de légitimité, lui prêta nombre de vertus prémonitoires. C'est à cet aveuglement rétrospectif qu'Étienne Marcel doit sa statue* sur le quai de l'Hôtel-de-Ville, ainsi que l'argument d'un opéra de Saint-Saëns.

◼ Marché

Cent ans encore, Paris pleurera ses halles centrales. Démolies en 1971 dans les transes du sacrifice, elles ont fait place à un complexe ubuesque, dont l'architecture estampillée Playmobil nous paraît bien capable d'affronter les siècles.

En choisissant d'implanter les halles sur le site médiéval du « marché au roy », la monarchie de Juillet avait péché par imprévoyance. Paris grandissait. L'afflux de marchandises en son centre ne pouvait causer qu'une pagaille croissante. « Les voitures n'avançaient plus que par secousses, prenant la file, s'étendant au-delà des regards, dans des profondeurs grises d'où montait un brouhaha confus »… Il ne fallut pas vingt

Le marché de
La Motte-Picquet.

Le marché,
rue Mouffetard,
début du XXᵉ siècle.
Cliché sur verre
de Julien Noir.

Parc Monceau,
colonnade
de la Naumachie
par Carmontelle,
v. 1773.

ou mercredi et vendredi selon les quartiers –, ils dressent et démontent leurs tréteaux au son familier des piquets métalliques qui s'entrechoquent et des balais de fagots retrempés dans le caniveau. Ils colportent un peu de cette exubérance que l'on croyait perdue dans les endroits les plus inattendus. Ainsi avenue du Président-Wilson, entre deux musées et quelques façades arrogantes… Les grandes bourgeoises aussi choient leur boucher à bacchantes et leur fromagère gantée de latex. Sur les boulevards Edgar-Quinet ou Richard-Lenoir, à la « Mouff » comme à la Convention, ces matins-là sont des instants de grâce où le Parisien, adonné aux rites de sa tribu, se sent chez lui et heureux de s'y trouver encore. Il en faudrait alors bien peu pour le convaincre que toutes ces victuailles proviennent de son terroir, de ce macadam où ne poussent que pissotières et parcmètres.

ans pour que Zola stigmatise les embarras du *Ventre de Paris* (1873). Contemplant l'achèvement des pavillons de Baltard comme une fatalité, Haussmann* ne songea plus qu'à disperser les points d'approvisionnement. Ainsi naquirent les marchés de quartier. Tous les dimanches, ainsi que deux jours par semaine – mardi et jeudi,

■ MONCEAU (PLAINE)
Monde et demi-monde

Jugé monotone, quand il n'est qu'homogène, bourgeois, alors qu'il sommeille gentiment sur ses gloires fanées, le quartier de la Plaine-Monceau souffre d'une lèpre que peu de Parisiens lui pardonnent : l'haussmannisme. Ici, pourtant, l'affairisme du préfet « éventreur » n'a rien effacé d'un passé millénaire. Vaste désert giboyeux urbanisé en moins de trente ans, la plaine Monceau n'est entrée dans l'histoire que lorsque le duc de Chartres, futur Philippe Égalité, demanda à un littérateur de sa cour, Carmontelle, de lui dessiner un jardin pittoresque en bordure de l'enceinte des Fermiers généraux. De cette folie parsemée de ruines romantiques, de tentes tartares et de pavillons de plaisirs, il ne reste presque rien. La spéculation immobilière consécutive au décret d'annexion de 1860 l'a morcelée, et lorsque Alphand la redessine, il n'en conserve que la Naumachie et le « Tombeau égyptien », ainsi que l'une des barrières d'octroi édifiées par Ledoux, la Rotonde de Chartres (voir Enceintes). Autour, banquiers et rois du chocolat ont laissé libre cours à leur soif de légitimité. Leurs luxueux hôtels pastichent la Renaissance italienne comme le « grand goût » de l'Ancienne France. Les décors préservés de l'hôtel Menier ou Bourlon de Rouvre en disent long sur les appétits d'alors. Cette arrogance, Zola l'a stigmatisée dans *La Curée* (1871), imité plus tard par Hériat, quoique plus tendre, dans *La Famille Boussardel* (1946). Cependant, les musées Nissim-de-

Camondo et Jacquemart-André, légués intacts avec leurs fabuleuses collections, témoignent également de l'érudition de cette bourgeoisie nouvelle qui, loin des nobles faubourgs et de leur dignité réprobatrice, s'était inventé là un monde à son image. Un demi-monde aussi, puisque l'opulence qu'on y affichait comme le menu du jour, devait attirer ballerines et comédiennes croqueuses de diamants : la belle Otero, Liane de Pougy ou encore Cléo de Mérode... Leurs bonbonnières se confondent avec les nombreux ateliers de portraitistes complaisants et de peintres « salonnards » qui, à l'exemple de Boldini et de Rochegrosse, devaient trouver pratique de travailler auprès de leurs commanditaires. Toujours nombreuse, la population du quartier se fait aujourd'hui discrète, finalement fidèle au « charme capitonné » d'une époque pas si lointaine où, se rappelait Jean-Louis Vaudoyer, l'on avait l'habitude d'étendre de la paille devant les demeures en deuil, afin d'amortir le roulement des fiacres.

■ MONTMARTRE

Pour voir Montmartre, on traverse encore l'Atlantique, comme jadis les jeunes lords bravaient la Manche et le pays des grenouilles dans l'espoir de démêler à Paestum les vieilles ficelles de la Civilisation. Comme tant d'autres cimetières de l'esprit, le toit de Paris (129 m) mérite peut-être cet hommage. Mais peut-on seulement se figurer les escarpements champêtres qui avaient enchanté Nerval ? renouer avec la galanterie un peu leste des guinguettes immortalisées par Renoir ? Le Maquis, chanté par Rictus et Carco, n'est plus, dévoré par les clapiers philanthropiques de l'avenue Junot. Le jardin d'Aristide Bruant y aurait succombé si Francisque Poulbot, père du fameux gamin qui pour souffrir d'incontinence se retrouve placardé dans les toilettes de tous les restaurants des parages, si Poulbot donc n'avait eu l'idée d'y ouvrir un square en 1929. Quatre ans plus tard, on le couvrait de vigne*. Une manière de ressusciter la tradition viticole de la butte, sans toutefois retrouver le savoir-faire des abbesses* bénédictines, auquel le « picolo » devait le plus clair de sa renommée. Quant au Bateau-Lavoir, ce « manoir à surprises » où Dorgelès venait distraire Gris ou Picasso, Van Dongen ou Modigliani, il s'est embrasé d'un coup en 1970, emportant dans des crépitements de vieille souche les fantômes

A. *Cabaret « Au Lapin Agile »* D. *Ancien Moulin de la Galette* G. *Ancien Bateau-Lavoir*

B. *Vignes Saint-Vincent* E. *Cimetière de Montmartre* H. *Funiculaire*

C. *Musée de Montmartre* F. *Basilique du Sacré-Cœur* I. *Moulin-Rouge*

● *Rues et places signalées dans le texte*

de ses seigneurs calamiteux. Ajoutez à cela qu'Utrillo peignit son village d'après des cartes postales et non sur le motif, ne s'aventurant au-dehors de son ivrognerie domestique que pour essuyer les moqueries de ses concitoyens, et vous conclurez à la mort de Montmartre. Un autre cependant lui a succédé, à deux pas des caboulots d'opérette et des rapins retoucheurs de canevas pré-imprimés. La butte sécrète ce qu'il faut de folklore pour canaliser proprement la Japonaise crétinisée par trois journées d'autocar parlant vers la place du Tertre et le Sacré-Cœur. De celui-ci, il ne saurait être question de faire l'éloge. Il ne vaut d'être contemplé que de loin, quand il blanchit sous le plomb de l'orage et sert de mire au promeneur égaré. D'ailleurs c'est bien simple : à peine l'a-t-on atteint qu'on lui tourne le dos, pour admirer la ville en contrebas du square Willette. Plus à l'ouest, il n'y a personne. Sinon des Parisiens, plus détendus en hiver, évidemment. Parce que sa physionomie ne conserve rien, ou presque, de l'âge d'or montmartrois, ce versant ne distille pas cette nostalgie lancinante des lieux de mémoire. De drôles de bicoques s'alignent, disparates, mais qui, sous la vigne vierge et les rosiers en fleur, prennent ensemble l'expression du bonheur en ville. Ici, quand un boulanger* disparaît, c'est pour faire place à une crèche. Les gamins, très nombreux, dévalent en essaim jusqu'à la rue des Abbesses, très animée, dont les cafés véhiculent des ragots de village. Ici, Montmartre appartient à ses manants, des bourgeois certes, mais modernes, c'est-à-dire discrets, qui ne rebutent pas.

■ MONTPARNASSE

Le musée Zadkine.

André Warnod a beau s'être efforcé de lui définir des frontières, le quartier de Montparnasse ne présente qu'une géographie incertaine, longtemps dépourvue de repères monumentaux. Aujourd'hui encore, on n'y visite rien, sinon les ateliers muséifiés de Bourdelle et Zadkine. Quant à la colline du Parnasse, elle ne fut jamais qu'un amoncellement de gravats et de détritus ainsi nommé par dérision. De la gloire des Montparnos, la mémoire des lieux retiendra surtout le carrefour Vavin. Au début du siècle, ses parages débordaient de caboulots et d'anciennes guinguettes, dont le très populaire bal Bullier, où tous les déboussolés que peut drainer un terminus de chemin de fer se frottaient à quelques princes de la débine. Parmi eux, le Douanier Rousseau et le poète Paul Fort qui, séduit par le cadre champêtre de la Closerie des Lilas, réunissait là tous les mardis soir ses amis épris de versification savante. La venue coup sur coup de deux figures montmartroises, Modigliani en 1910, Picasso l'année suivante, allait bouleverser durablement ces habitudes un rien provinciales. Dès lors, ce ne fut qu'une kermesse débridée dont l'écho funèbre de Verdun parvint à peine à couvrir le

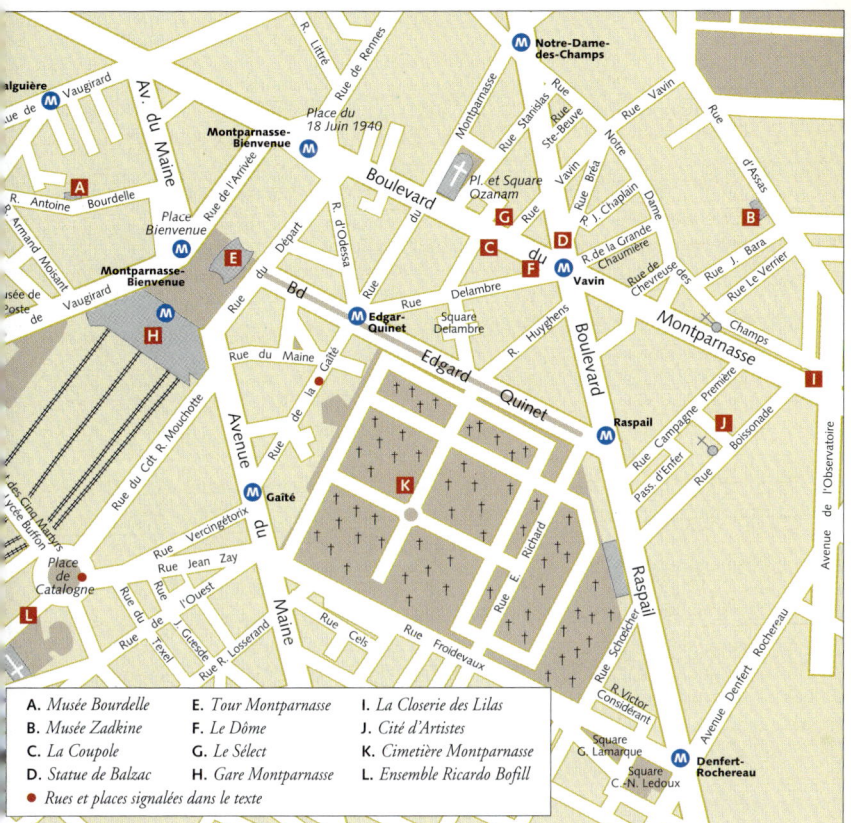

A. *Musée Bourdelle*   E. *Tour Montparnasse*   I. *La Closerie des Lilas*
B. *Musée Zadkine*   F. *Le Dôme*   J. *Cité d'Artistes*
C. *La Coupole*   G. *Le Sélect*   K. *Cimetière Montparnasse*
D. *Statue de Balzac* H. *Gare Montparnasse* L. *Ensemble Ricardo Bofill*
● *Rues et places signalées dans le texte*

tapage. Sous l'impulsion des Delaunay, de Cendrars, Foujita ou Carco, les cafés du boulevard se muèrent en « académies de trottoir où s'enseignent la vie de bohème, le mépris du bourgeois, l'humour et la soûlographie » (L.-P. Fargue). Tandis que Hemingway et ses compagnons de la Génération perdue écumaient le banc d'huîtres de la Closerie, le bal des Quat'zarts essaimait ses sauvages d'opérette et ses chapelets de seins nus, pour le plus grand régal d'une bourgeoisie sournoisement infiltrée. L'Occupation souffla net les lampions. Depuis, la Coupole, la Rotonde ou le Dôme assomment leur clientèle de souvenirs indéchiffrables. Seul le Sélect mérite quelque faveur, autant pour l'authenticité de son décor que pour la bonhomie de son accueil.

Montparnasse trouva cependant les ressources d'une renaissance dans ses banlieues mouvantes : la rue de la Gaîté couva toute une génération de comédiens et de chansonniers issus du café-théâtre ; les taudis pittoresques du coin de la rue de l'Ouest assurèrent un repli aux artistes et aux poètes – un film d'Agnès Varda, *Cléo de 5 à 7* (1962), a gentiment épinglé cette autre bohème. Mais à la longue, les peep-shows ont eu raison de la première, et les démolisseurs des seconds. La nouvelle gare* éparpille ses banquises à l'ombre d'une tour new-yorkaise ; on pèle de froid dans les clapiers baroques de Ricardo Bofill. Ainsi, Montparnasse est mort deux fois, ce qui, pour un mythe sans plus de passé qu'un cheminot retraité, force la considération.

Muséum d'histoire naturelle

Pour ce que veut bien en révéler le Jardin des Plantes, le Muséum national d'histoire naturelle, qui compte bien d'autres établissements, présente un curieux mélange d'archaïsme immémorial et d'extrapolation scientifique. Ses laboratoires, de renommée internationale, fument de présomptions savantes sous des solives tricentenaires ; l'évolution des espèces y est résumée en trois coups de borne interactive.

Le jardin d'apothicaire créé au nom du roi par Héroard et La Brosse, médecins de Louis XIII, est devenu sous l'impulsion successive de Buffon, Daubenton et Geoffroy Saint-Hilaire une espèce merveilleuse de jeu de l'oie, dont la case départ serait l'amibe et le fil d'arrivée les brebis écossaises clonées. Deux millions de fossiles, huit millions de plantes en herbier, vingt fois plus d'insectes ou encore 35 000 crânes humains en jalonnent le parcours. « Musée des mondes perdus », avec la vénérable galerie de Paléontologie peuplée de mastodontes « du genre chauffage central, dont la lignée – si l'on

en croit Léon-Paul Fargue – finit en tourelle de béton sur la ligne Maginot », le Muséum se fait aussi un devoir d'expliquer aux tout petits les moindres pulsions de la vie sur Terre dans une Grande Galerie récemment ressuscitée grâce au génie jubilatoire de Chemetov et Huidobro. Et avec cela, l'ambition de réunir sous un même ciel les animaux vivants des quatre parties du globe, et, en un jardin alpin à demi enterré, la végétation des altitudes caucasiennes ou andines. Les Parisiens, studieux ou musards mais toujours friands de merveilles, ont fait de ce monde miniature leur promenade favorite. C'est ici qu'il faut tomber amoureux de Paris.

Notre-Dame

Notre-Dame est un rêve de pierre. Le rêve d'un homme, Maurice de Sully, évêque. À peine Louis VII l'a-t-il choisi, qu'il entreprend la construction d'une cathédrale digne de la première cité du royaume et, peut-être, de l'Occident. S'il n'en est pas l'architecte, il en est le père. C'est lui qui convainc le roi d'abattre les sanctuaires mérovingiens, de bouleverser la physionomie de l'île en y per-

çant une rue, large pour l'époque, afin d'acheminer les matériaux. Lui encore, qui collecte les fonds. Lui enfin, qui rêve d'une église* plus belle que celle de Suger à Saint-Denis. Lorsqu'il meurt, en 1196, Notre-Dame est bien sortie de terre, mais il faudra attendre un demi-siècle pour que le grand dessein soit accompli. Et encore. Les techniques alors employées n'ont pu concilier les dimensions exceptionnelles de l'édifice avec cette immatérialité à laquelle aspire le gothique adolescent : le jour passe à peine. Les architectes se remettent à l'ouvrage, dont Pierre de Montreuil, auteur de l'audacieuse rosace du bras nord. On dota le chœur de chapelles pardessus lesquelles, au début du XIIIe siècle, il fallut lancer ces fameux arcs-boutants qui contribuent tant à l'effet pyramidal du chevet. Achevée, la cathédrale n'en est pas plus claire pour autant. Fastes royaux et offrandes solennelles, Te Deum et oraisons funèbres… tout ce que le pouvoir veut émettre de symboles se déverse tôt ou tard dans cette nef sombre. Elle a souffert pourtant de l'incurie des hommes. Et sans le succès de *Notre-Dame de Paris* (1831), que Victor Hugo publie avant qu'il ne soit trop tard, on se demande si Viollet-le-Duc se serait attelé à sa restauration. La question se pose sans cesse de savoir combien de temps elle résistera aux douze millions de badauds qui la visitent chaque année.

Opéra

Les attentats politiques ont exercé une influence étrange sur les migrations parisiennes des troupes de l'Opéra. La salle

Pages précédentes : La Grande Galerie de l'évolution.

Le chevet de Notre-Dame.

Louvois est démolie après que le duc de Berry eut été assassiné alors qu'il en sortait ; l'attentat manqué d'Orsini contre Napoléon III au sortir d'une représentation scelle à son tour l'abandon de la salle Le Pelletier. L'empereur s'attelle immédiatement au projet d'un nouvel Opéra aussi sûr d'accès que représentatif des fastes du règne. Charles Garnier, lauréat d'un concours auquel Viollet-

Inauguration de l'Opéra, le 5 janvier 1875 par Édouard Detaille, 1878. Gouache, 66,6 × 51,2. Musée national du château de Versailles.

le-Duc a participé, propose un palais étincelant d'ors et de marbres, de cristal et d'onyx, où le souci de mettre en scène les toilettes du beau monde semble parfois l'emporter sur les commodités techniques qu'exigent les artistes : l'escalier d'apparat et le grand foyer occupent autant d'espace que la salle elle-même.

De l'extérieur, cette symphonie minérale ne doit souffrir aucune compromission, et son auteur éprouve la plus grande peine à retenir Haussmann* de border d'arbres la grande avenue qui file vers le Louvre. Le palais est inauguré en 1875 ; Napoléon III est mort en exil, mais la République s'accommode sans pudeur des aigles nichés sur le pavillon qui lui est dédié. En un siècle, les plus grands s'y sont succédé. Diaghilev y a fait interpréter *Boris Godounov* par Chaliapine (1908), Messiaen y a créé son *Saint François d'Assise* (1983). Il

Orangerie (musée de l')

Juchée sur la terrasse du Bord de l'eau, à l'extrémité occidentale des Tuileries, l'ancienne orangerie de Napoléon III abrite un étrange musée. Ou plutôt, deux musées. Depuis 1927 y est installé l'ensemble des *Nymphéas*, auquel Claude Monet, tout à la contemplation douloureuse – il devenait aveugle – de son jardin de

Claude Monet,
*Nymphéas, reflets
verts* (détail),
1916-1923.
H/t. Musée
de l'Orangerie.

est arrivé à Picasso ou à Derain d'y composer des décors. Avec seulement 2 130 places, dont un bon tiers souffre d'une visibilité exécrable, le palais Garnier a été doublé en 1989 d'une salle ultramoderne, élevée par Carlos Ott à la Bastille*. Son architecture rébarbative et ses coûts de fonctionnement ont ému les contribuables. Certes. Mais, passé les soubresauts d'un démarrage émaillé de grèves et d'intrigues, il contribue assurément au renouveau mondial de l'art lyrique.

Giverny, devait consacrer les dernières années de sa vie. À la fois testament et prophétie, ces huit immenses panneaux doivent retrouver la présentation précise qu'avait fixée leur auteur.
En 1984, d'autre part, le musée de l'Orangerie accueillait selon le vœu des donateurs la collection du marchand de tableaux Paul Guillaume, très actif entre les deux guerres, continuée par sa veuve et le second mari de celle-ci, l'architecte Jean Walter. Cet ensemble de

144 toiles couvre la période charnière qui s'étend des premières expositions du groupe impressionniste au « retour à l'ordre » amorcé à l'aube des années 30. Parmi ces Renoir, Matisse, Modigliani ou Derain de valeur inégale, resplendissent quelques chefs-d'œuvre universels tels que le *Nu sur fond rouge* de Picasso ou des natures mortes de Cézanne. Sorte de musée « à l'américaine », l'Orangerie a certainement souffert du voisinage tapageur du Louvre* et d'Orsay*. Or c'est précisément parce que la visite d'un musée tient du gymkhana de quai de gare qu'un détour par cet îlot de relative quiétude peut procurer de cette joie dont l'âme musarde est aujourd'hui sevrée.

Musée d'Orsay, l'allée centrale.

◼ Orsay (musée d')

L'espèce de catafalque à minuterie qui, par-delà le fleuve, voudrait en remonter aux terrasses de Le Nôtre, l'a échappé belle. Édifiée par Laloux pour l'Exposition* universelle de 1900, la gare* d'Orsay, seul embarcadère adapté à la toute jeune traction électrique, fut saluée comme un modèle de progrès. Trente-cinq ans plus tard, on spéculait sur sa démolition. Complexes sportifs, hôtels internationaux... les projets futuristes se succédèrent, préconisant tous l'arasement de l'inepte pâtisserie. Sa désaffection décrétée, des commissaires priseurs y adjugèrent leurs bricoles, quelques bacheliers trinquèrent sur les coursives de sa verrière, la troupe Renaud-Barrault y fit des siennes. Il fallut, en 1977, toute l'autorité d'un conseil des ministres, présidé par Giscard d'Estaing, pour sauver les bâtiments et proclamer leur nouvelle vocation : la

gare serait le musée du XIXe siècle. D'un XIXe aux tempes grisonnantes, du reste, puisque les collections ne couvrent que les années 1848-1914. Si le terme de cette période marque bien une fracture, son point de départ a suscité des controverses. Trait d'union entre le Louvre* et Beaubourg*, le musée d'Orsay confronte les certitudes et les visions d'un d'âge d'or, où Paris se proclamait sans pudeur laboratoire de la modernité. Réalistes et Pompiers, Impressionnistes, Fauves et Nabis... une telle profusion vient à bout des plus intransigeants. Car le parcours s'attache également à mettre en lumière les modes d'expression qui s'élaborèrent alors : la photographie, le cinéma, l'affiche... Cette pluridisciplinarité, affirmée comme un principe fondateur, a largement contribué à la réhabilitation d'un siècle jugé à la hâte ; cette réévaluation bénéficia tout particulièrement aux arts décoratifs et… à l'architecture, ce qui n'est pas le moindre mérite d'un musée installé dans l'un des temples de l'ère industrielle.

Palais-Bourbon

Du palais de la duchesse de Bourbon, fille de Louis XIV et de la Montespan, il ne reste rien, ou si peu que l'on ne peut se faire une idée de cette retraite aux confins de la ville, à la fois exquise et prestigieuse tant elle voulait rappeler les heures fastes passées au Grand Trianon. Plus qu'aucune autre demeure aristocratique réquisitionnée par la Nation, le palais Bourbon aura été façonné par l'institution dont il abrite les débats : la chambre des représentants du peuple, aujourd'hui Assemblée nationale. En 1795, le Directoire y installe le Conseil des Cinq-Cents ; une première salle des séances est alors aménagée, dont subsistent le bureau présidentiel et la tribune des orateurs ornée d'un bas-relief de Lemot. L'Empire et la monarchie de Juillet laisseront une empreinte bien plus significative. À partir de 1806, Poyet entreprend l'actuelle colonnade, habilement décalée par rapport à l'axe initial du palais, afin de répondre à celle de la Madeleine* verrouillant la perspective dessinée par le pont de la Concorde* et la rue Royale. Louis-Philippe fera aménager l'hémicycle, admirablement préservé, ainsi que les salons adjacents. Le décor, volontiers lénifiant, a souffert des vicissitudes politiques. Ainsi la Restauration a-t-elle rectifié un motif de A.-É. Fragonard, *Napoléon donnant des couronnes aux sciences et aux arts*, substituant au visage de l'Empereur le profil du « bon roy Henri ». Faisant appel aux vertus intemporelles de l'humanité, les compositions allégoriques de Delacroix exécutées pour le salon du Roi – récemment restauré – et les bibliothèques, nous sont parvenues intactes. Elles constituent le plus magistral ensemble décoratif des « palais de la nation ».

Eugène Delacroix, *Orphée vient policer les Grecs encore sauvages et leur enseigner les arts de la paix*, 1838-1847. Huile et cire, 735 × 1098. Bibliothèque du Palais-Bourbon.

89

■ PANTHÉON
L'armée des ombres

Pour les uns, le Panthéon symbolise les vertus fondatrices de la nation, pour les autres, dont Paul Morand, il n'est qu'un « enfer où gèlent éternellement les fidèles de la déesse raison ». Or c'est pour obéir à un vœu que Louis XV, providentiellement remis d'une grave maladie, avait ordonné la construction de cette église*, alors dédiée à sainte Geneviève*.

Lorsque Soufflot fut chargé du projet, le marquis de Marigny, son protecteur, ne lui prodigua qu'un conseil : « Je ne veux point de la chicorée moderne ; je ne veux point de l'austère ancien ; *mezzo l'uno, mezzo l'altro.* » S'il lui prêta l'oreille, l'architecte ne s'embarrassa pas de demi-mesures. Le plan en croix grecque, les colonnades corinthiennes puisent au souvenir des visites de Paestum et d'Herculanum ; la taille savante de la pierre et la clarté initiale ne peuvent renier l'héritage gothique. Certes. Mais l'échelle colossale du monument, sa frontalité sensationnelle sont alors inédites. Il fallut donc en chambouler les abords : percement de la rue Soufflot, amorce d'une place aux façades concaves. Soufflot s'éteignit sous le feu de ses détracteurs, dix ans avant l'achèvement de son œuvre (1790). Ce devait être une église inondée de soleil ; la Révolution lui promit les ténèbres, en y déposant les dépouilles de ses héros : Voltaire, Rousseau, Mirabeau, Marat, qui, victimes des soubresauts politiques, n'y firent parfois qu'un séjour éphémère. Mais pour leur repos, on prit soin d'obturer les baies. Le Panthéon devint alors l'enjeu d'une lutte entre l'Église et l'État, voué tôt ou tard à la laïcité. En témoignent les contradictions du décor qui font parfois sourire : là-haut l'apothéose d'une sainte (coupole par Gros), au fond du chœur les soudards de l'Empire (*Vers la gloire,* Detaille)…

Le Panthéon et l'église Saint-Étienne-du-Mont.

◼ Passage

Fangeuse, livrée au flux croissant de charrois aveugles, la rue vaut bien un calvaire (voir Boues). À la fin du XVIIIe siècle, on songe à des promenades couvertes, interdites aux chevaux. Les galeries marchandes du Palais-Royal préfigurent les aimables bazars de la Restauration et de la monarchie de Juillet, régimes transitoires dont toute la fugacité semble résumée dans ce mot qu'ils réinventèrent : passage. En 1800, Paris n'en compte que trois, dont celui des Panoramas, où la foule se presse devant les *vedute* de Jérusalem et d'Athènes brossées par Fulton. Les grands magasins* du second Empire en plongeront plus de cent cinquante dans la déconfiture. Leur déchéance, la bizarrerie des petits trafics que l'on y conclut depuis, à la lueur croupie de verrières perméables, ont inspiré à Aragon les plus belles pages du *Paysan de Paris* (1925). Leurs promoteurs, pourtant, n'avaient pas ménagé leurs efforts pour y attirer une clientèle bourgeoise, très friande de l'animation des Grands Boulevards* tout proches. N'avait-on pas, dès 1817, doté le passage Véro-Dodat – « verrat dodu », pour les habitués – du premier éclairage au gaz ? Les décors antiques, les devantures à l'anglaise, ou encore le musée de cires de ce farceur d'Alfred Grévin, qui débouche par surprise au coude du passage Jouffroy, ont survécu tant bien que mal.

Il reste une vingtaine de ces passages, dont quelques-uns, comme celui des Princes, ont été abusivement restaurés. D'autres, laissés à l'écart dans un capharnaüm de jouets minables, de bouquins dépareillés et de succulentes cantines turques, continuent d'envoûter le flâneur qui s'y laisse couler.

◼ Périphérique.

Voir Ceinture rouge

Passage Véro-Dodat (1er arr.).

*Moulin-Rouge :
la Goulue.*
Affiche de Henri
de Toulouse-
Lautrec, 1891.
Lithographie,
191 × 122.

■ Pigalle

Le Pigalle de Toulouse-Lautrec et Degas ne survit plus qu'aux cimaises des musées. De l'âge d'or canaille, le Moulin-Rouge n'a conservé que son adresse à plumer la clientèle ; quant aux écuyères du cirque Médrano, voilà bien quarante ans qu'elles n'ont entendu claquer une chambrière. Jadis voie frontalière, bordée de cabarets exonérés d'octroi, le boulevard de Clichy devint à la fois le rendez-vous des artistes et celui des lorgneurs lorsque, vers le milieu du XIXe siècle, le marché aux modèles établit ses quartiers à la barrière de Montmartre*, l'actuelle place Pigalle. Dès lors, son histoire se confond avec celle de la fameuse butte. Des Goncourt à Kessel, de Renoir à Derain, il n'est pas un rapin, pas un académicien qui n'ait goûté la grâce égrillarde de la Goulue et de Grille-d'Égout, ni la gouaille mordante de Salis et de Bruant, maîtres successifs du cabaret *Le Chat Noir*. Soudain déserté pour l'autre rive, le quartier continua d'exhiber ses danseuses nues, en mémoire des poètes qui les avaient chantées. L'Occupation le livra à la pègre. C'est cette compromission que, sous prétexte d'humanité, Marthe Richard crut punir en condamnant – c'est un comble – les maisons closes à la fermeture. Depuis, camp de base d'une ascension trop abrupte pour les cars, Pigalle bat le rappel des touristes depuis les guichets d'officines crapuleuses où l'on ne consomme, entre deux promesses, qu'une piquette frelatée.

■ Place

Jusqu'au règne d'Henri IV, Paris ne possède, outre le parvis très étriqué de Notre*-Dame, qu'une seule place : la Grève, où tantôt l'on décapite, tantôt l'on festoie. Autour c'est un maillage de ruelles tortueuses qui n'ont, pour la plupart, pas deux mètres de large. Il est vain de construire beau ; on n'y voit rien. Héritier d'un siècle tout entier tourné vers l'Italie, le Béarnais caresse le projet d'une ville spacieuse et strictement ordonnancée. L'actuelle place des Vosges et la place Dauphine inaugurent alors le type classique de la place royale concentrée sur l'effigie du monarque – c'est évident pour la première, ça l'est moins pour la seconde, dont, toutefois, la perspective en entonnoir conduit bien au monument équestre du Pont-Neuf. Tout y est réglementé, depuis la hauteur des façades jusqu'au matériau de construction. Le principe est reconduit lorsque le duc de La Feuillade fait édifier la place des Victoires en l'honneur du Roi-Soleil, et porté à son comble quand ce dernier ordonne, pour ne pas laisser l'urbanisme aux seules mains des particuliers, la construction de la place Vendôme dont le plan octogonal favorise l'effet de convergence. Mieux qu'un théâtre, c'est un écrin soumis à l'éclat de l'effigie centrale – une œuvre de Girardon, remplacée depuis par la fameuse colonne. Bien que « royale » elle aussi, la place Louis-XV (voir Concorde) marque une rupture : largement ouverte sur les axes dont elle commande la croisée, elle anticipe les développements ultérieurs de nouveaux quartiers. La systématisation de l'urbanisme qui s'élabore au XIXᵉ siècle redéfinit le rôle de la place, pour en faire le pivot de grands axes de communication « percés » dans le tissu existant (avenue de l'Opéra), ou tracés arbitrairement sur de nouveaux espaces à conquérir (l'Étoile). Des monuments signalent les articulations du réseau – à l'exemple de l'église* Saint-Augustin –, rendus aisément perceptibles par un jeu de perspectives rectilignes. Renonçant aux expérimentations de l'après-guerre, l'urbanisme des années 80 a remis à l'honneur cette conception spectaculaire de l'espace.

Place des Victoires.

■ QUARTIER LATIN

La chapelle de la Sorbonne.

I n'est pas une génération qui ne fustige l'avilissement fatal du Quartier latin. Barthes comme Fargue, Larguier autant que Moréas ont versé dans cette manie des temps modernes, où la mélancolie du pèlerin l'emporte sur la réalité des injures infligées à ce coin de jeunesse éternelle. Certes le boulevard Saint-Michel fait peur, avec ses friperies à dix balles et ses fast-foods ultracaloriques. Il n'en demeure pas moins l'épine dorsale d'un quartier resserré depuis huit siècles autour de ses écoles.

Malgré les réformes et les délocalisations vachardes, la Sorbonne* et le Collège de France, l'École des mines et la faculté des sciences, celle de droit comme celle de médecine, les prestigieux lycées Henri-IV et Louis-le-Grand perpétuent son renom, héritiers pour la plupart des collèges de l'Ancien Régime. Et la liste n'est pas close, si bien que les étudiants continuent d'investir la place par dizaines de milliers dès qu'octobre bat le rappel. Au Moyen Âge déjà, leur concentration mettait à mal la moralité et l'ordre public. Aigrefins et filles de joie faisaient le siège, et les jurons braillés dans la bagarre couvraient bien souvent le latin des chers maîtres. L'une de ces rixes, ordinairement cruelle, fit de Villon un assassin. Longtemps, le chahut ne fut qu'une échappatoire à la misère des mansardes et du rata que servaient d'innombrables caboulots semblables à celui que décrit Balzac dans *Les Illusions perdues* (1837-1843), Chez Flicoteaux. Huysmans aussi a conduit ses lecteurs de cours « latrinières » en venelles « empestées de relents d'eau de chou-fleur que soufflent les vieux plombs », au-delà desquelles, place Maubert, se tenait la foire aux déchets de tabac. Jusqu'à la

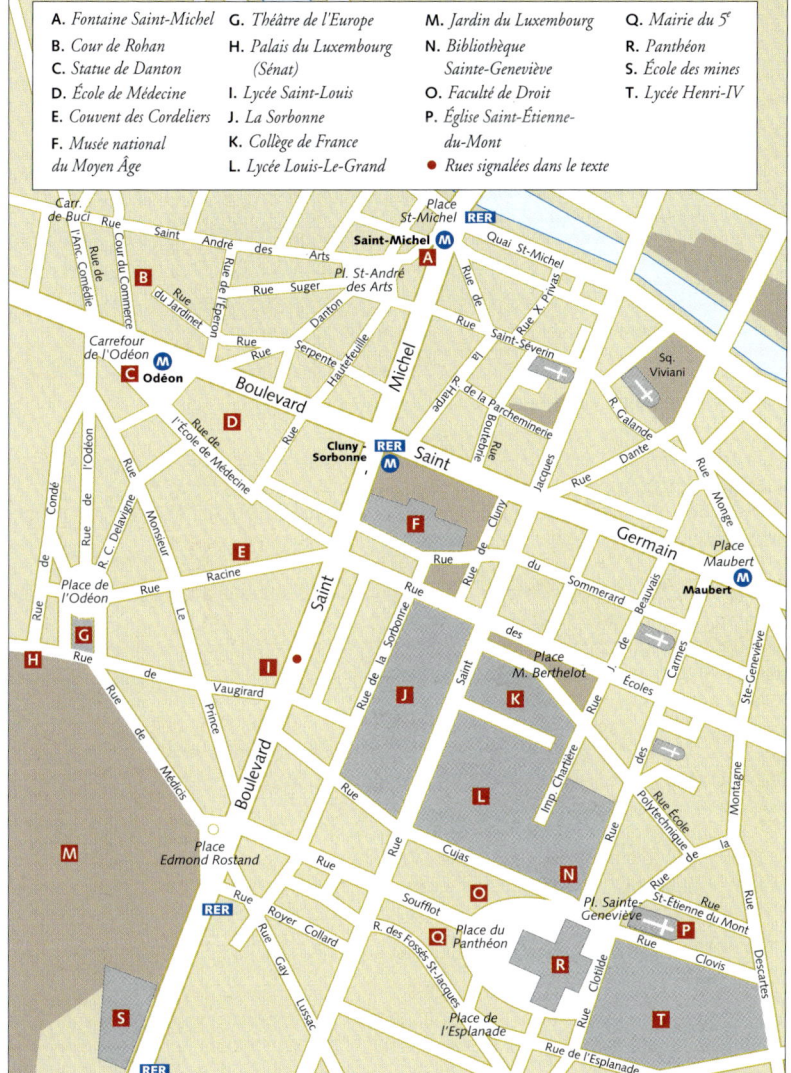

Légende de la carte :

A. *Fontaine Saint-Michel*
B. *Cour de Rohan*
C. *Statue de Danton*
D. *École de Médecine*
E. *Couvent des Cordeliers*
F. *Musée national du Moyen Âge*
G. *Théâtre de l'Europe*
H. *Palais du Luxembourg (Sénat)*
I. *Lycée Saint-Louis*
J. *La Sorbonne*
K. *Collège de France*
L. *Lycée Louis-Le-Grand*
M. *Jardin du Luxembourg*
N. *Bibliothèque Sainte-Geneviève*
O. *Faculté de Droit*
P. *Église Saint-Étienne-du-Mont*
Q. *Mairie du 5ᵉ*
R. *Panthéon*
S. *École des mines*
T. *Lycée Henri-IV*
● *Rues signalées dans le texte*

Grande Guerre, on y trafiquait le mégot à deux pas du « marché aux rogatons », régenté par de vieilles maquerelles sûres de revendre par seaux entiers les restes mélangés des grands restaurants*. Il n'en est plus ainsi. La vie est devenue plus douce, et même franchement bourgeoise du côté de Saint-Jacques-du-Haut-Pas. Du coup, les « bibiches du Boul'miche » prennent des airs, et les libraires la poudre d'escampette.

« Mais que reste-t-il ? » soupire-t-on dans les hospices. Des cinémas de quartier, comme nulle part ailleurs, une foule de petits camelots, en particulier ceux qui vous plastifient en moins de deux une carte d'étudiant, et enfin une multitude de ces havres intimes, bistrots ou cantines, qu'il est difficile de recommander aux touristes car on y cultive la tradition des tabagies opaques et du « chiotte à la turque ».

Le restaurant
Lucas Carton,
décors
de Majorelle.

■ Restaurants (grands)

Le grand restaurant, c'est le triomphe de la bourgeoisie. L'opulence des mets, la stricte ordonnance du service, le rituel un rien phraseur de la dégustation... tout en ce temple de l'extase sérieuse renie l'héritage aristocratique de l'Ancien Régime, où l'on préférait, sans y prêter plus d'attention, s'attacher à demeure les services d'un Vatel ou d'un Marguery.

Apparu vers 1765, ce type d'établissement où l'on pouvait à toute heure déguster bouillons et consommés reconstituants, « restaurants », connut un premier essor quand la Révolution laissa sur le carreau les « officiers de bouche » de hauts parages. Ceux-ci s'établirent autour du Palais royal, creuset historique du mythe universel.

Fine gueule mais peu enclin à la béatitude, le Parisien fait la fine bouche : que l'on évoque devant lui une maison prestigieuse, où dans la majorité des cas il n'a jamais mis les pieds, et un « oh ! ça a beaucoup baissé » fusera, définitif. Que l'aubaine se présente pour lui d'y souper, et, dans l'instant, ladite maison retrouvera ses étoiles au Michelin.

Cependant, en dépit d'inévitables aléas, un grand restaurant parisien offre toujours une cuisine irréprochable, sinon inventive, et le service, parfois pesant,

sait se rendre complice des jouisseurs déclarés. Certains s'enorgueillissent de précieux décors, ainsi le Grand Véfour (ill. p. 25), Lucas Carton ou Prunier... D'autres fondent leur renommée sur une spécialité – le caneton au sang de la Tour d'Argent, les tripes de chez Pharamond – ou sur les ressources de leur cave, ainsi celle de Taillevent, dont un sommelier, à l'approche de l'armée allemande, aurait pris soin de murer l'accès, épargnant à ses magnums la décollation ou la déportation. C'est que pour être vouées au plaisir, ces institutions n'en sont pas moins dépositaires de nos vertus nationales : en 1815, à trois officiers des troupes coalisées qui exigeaient que le café leur fût servi dans des tasses auxquelles aucun Français n'aurait porté les lèvres, le maître d'hôtel du Grand Véfour fit porter des pots de chambre.

■ Rodin (musée)

Le musée Rodin procure le triple agrément d'une collection incomparable, d'un jardin enchanté et d'une demeure parisienne miraculeusement préservée. Celle-ci fut édifiée en à peine plus d'un an (1729-1730) par Aubert, heureux architecte des grandes écuries de Chantilly, pour le compte d'un perruquier bien en cour,

Abraham Peyrenc de Moras. L'hôtel s'élevait alors aux confins de la ville, au beau milieu de son parc, et non, comme c'était l'usage, entre cour et jardin. Le perruquier enrichi n'en jouit que fort peu, et, volontiers bégueule, le mémorialiste parisien préféra lier ce lieu exquis à la mémoire d'un autre de ses occupants, le maréchal de Biron. Champ de foire révolutionnaire, ambassade, puis institution de jeunes filles, l'hôtel, menacé de démolition, échut finalement à quelques locataires de bohème. Parmi eux, Rilke, alors secrétaire de Rodin, et qui pressa son employeur de venir goûter au luxe aboli de ce palais cerné de ronces et de pommiers sauvages. Le sculpteur s'y installa en 1908, et très tôt naquit l'idée d'installer là un musée dédié à son œuvre. Mais, d'intrigues en tracasseries, le musée ne fut inauguré qu'en 1919, deux ans après la disparition du vieux lion dont il célébrait le génie. Allons, pourquoi s'en cacher ? déambuler parmi ces salons, dont le parquet craque délicatement, tout à la contemplation de *L'Âge d'airain* ou du *Baiser*, relève de la plus divine délectation. Çà et là, des œuvres de Camille Claudel, dont les intarissables *Causeuses*, unissent à jamais le maître et l'élève. Audehors, les bronzes monumentaux s'oxydent sans dommage parmi les effluves un peu suaves d'une insigne roseraie.

Le musée Rodin et ses jardins.

■ SAINT-GEORGES

Villa, rue de la Tour-des-Dames.

Le bout de Paris qui tournicote autour de la place Saint-Georges n'est pas un quartier. C'est un trou, une tache blanche dans la géographie névralgique des guides et des agences de voyages. Le tintamarre incessant des Grands Boulevards* le retranche du cœur de la ville, tandis que les tirelires à strip-tease de Pigalle* en interdisent l'accès au pèlerin de la butte Montmartre* qui, sans cet obstacle, se laisserait glisser d'abrutissement jusqu'à la Seine*. Cette enclave se distinguerait à peine de l'uniformité haussmannienne* environnante si les façades ne présentaient de curieux médaillons d'inspiration Renaissance, des gâbles pris dans l'enduit et d'inextricables ferronneries si caractéristiques de l'architecture troubadour des premières années de la monarchie de Juillet. Si la barrière de Montmartre (place Pigalle) marquait alors les limites administratives de la ville, celle-ci n'avait pas encore conquis les terrains qui s'étendaient en pente douce jusqu'aux anciens boulevards.

Les préfets Chabrol et Rambuteau apportèrent leur bénédiction aux particuliers qui entreprirent de les lotir, parmi lesquels le financier Dosne, promoteur de la place Saint-Georges et beau-père de Thiers. C'est ainsi que dans les années 1820 émergea la « Nouvelle Athènes », ensemble de

A. *Musée de la Vie romantique*   C. *Musée Gustave-Moreau*   E. *Église Notre-Dame-de-Lorette*
B. *Fondation Thiers*   D. *Église de la Trinité*   ● *Rues et places signalées dans le texte*

petits hôtels palladiens et d'immeubles de rapport antiquisants, agencés autour de courettes arborées. Les premiers numéros de la rue de la Tour-des-Dames ou le square d'Orléans témoignent de cette atmosphère de villa* qui séduisit immédiatement les héros de la bohème romantique. Géricault, Vernet, Delacroix, le tout jeune Gounod fréquentèrent tour à tour l'appartement de George Sand et Frédéric Chopin ou l'hôtel de Mlle Mars, interprète adulée de Doña Sol lors de la première d'*Hernani* (1830). Alexandre Dumas père, plutôt casanier, n'abandonna le square d'Orléans que pour l'avenue Frochot, tandis que Delaroche se faisait bâtir un atelier rue Victor-Massé ; le peintre Ary Scheffer accueillait Lamennais, Liszt et surtout Renan. Sa maison, rue Chaptal, perpétue le souvenir de ce phalanstère des arts et des lettres, à travers les collections du musée de la Vie romantique. Ce grand feu n'avait pas duré vingt ans, et, en dépit de la présence d'un Gustave Moreau ou d'un Adolphe Thiers, les parages s'enfoncèrent peu à peu dans une somnolence quasi provinciale. C'était encore le meilleur moyen d'échapper au saccage, et, il y a peu, l'on s'avisa de sauvegarder tout le secteur. Le député maire de l'arrondissement balaya le projet d'un revers de main, et l'on se demande si les restructurations mortifères de la Chaussée-d'Antin ne submergeront pas bientôt ce gracieux désert de pierre tout dévoué à ses fantômes.

■ SAINT-GERMAIN-DES-PRÉS

Jean-Paul Sartre et Simone de Beauvoir, boulevard Saint-Germain.

« Il n'y a plus d'après / à Saint-Germain-des-Prés »… la chansonnette avait vu juste. Et ce serait risquer une durable déprime que de vouloir bourlinguer là, de caveaux en comptoirs, en compagnie de cette flibuste existentialiste qui fit la gloire universelle de la république des arts et des lettres. Passé minuit, la coupole de l'Institut, le lanternon du Sénat et le haut portail de Sciences-Po ne sont plus que les balises moussues d'une darse inanimée, sur laquelle le clocher millénaire de l'abbaye* coule un regard bigle de pilotin assoupi. André Salmon l'a dit tout net : « C'est à ses cafés que Saint-Germain-des-Prés doit tout. » Ils sont aujourd'hui classés monuments historiques, et, contrairement à une idée reçue, ne sont pas honorés de ce label uniquement pour avoir servi des Picon-bière à Jean-Paul Sartre et Simone de Beauvoir. C'est même de l'autre bord que l'on battit le rappel, lorsque Maurras contracta la manie de prédire depuis les banquettes du Flore la fin prochaine du régime républicain. Apollinaire l'en délogea ; Breton et les siens investirent la terrasse des « deux mégots » ; Picasso, Gide ou Saint-Ex' suivirent, et Fargue bien sûr, qui dînait chez Lipp comme on goûte la nostalgie d'une maison d'enfance, puisque c'est à son père et à son oncle que l'établisse-

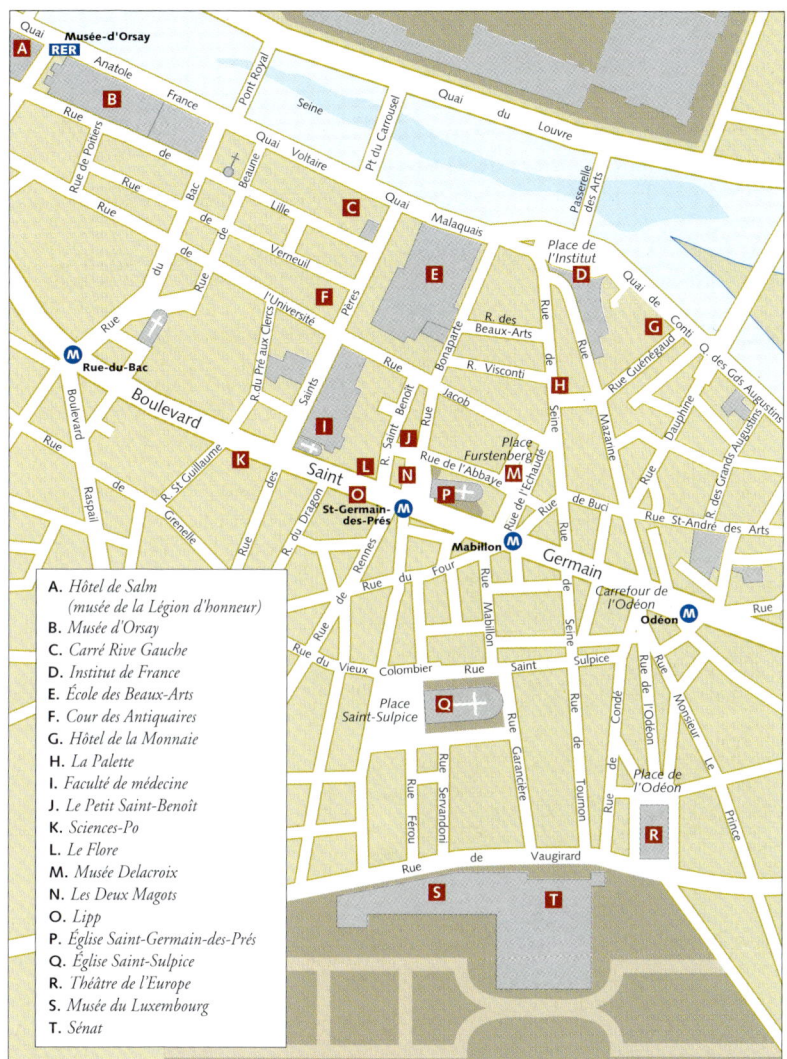

A. *Hôtel de Salm*
   (*musée de la Légion d'honneur*)
B. *Musée d'Orsay*
C. *Carré Rive Gauche*
D. *Institut de France*
E. *École des Beaux-Arts*
F. *Cour des Antiquaires*
G. *Hôtel de la Monnaie*
H. *La Palette*
I. *Faculté de médecine*
J. *Le Petit Saint-Benoît*
K. *Sciences-Po*
L. *Le Flore*
M. *Musée Delacroix*
N. *Les Deux Magots*
O. *Lipp*
P. *Église Saint-Germain-des-Prés*
Q. *Église Saint-Sulpice*
R. *Théâtre de l'Europe*
S. *Musée du Luxembourg*
T. *Sénat*

ment doit ce décor de céramique vanté depuis dans tous les guides. De l'effervescence du « triangle d'or » – les Deux Magots, Lipp et le Café de Flore –, subsistent cependant les conversations inspirées des grands éditeurs qui n'ont pas émigré. Leur présence ne date pas d'hier. L'abbaye, directement soumise à l'autorité du pape, avait longtemps contesté celle du roi. Sise hors des murs, elle avait accueilli dans ses parages les exclus des corporations municipales – une colonie de peintres nor-

diques, propagateurs de natures mortes, y cantonna. Une impression de liberté et la proximité de l'université attirèrent bientôt les imprimeries – dont celle de Balzac, rue Visconti – et les maisons d'édition.

Livré à la fripe et aux bistrots à formules, le « village » de Léo Larguier fourmille désormais d'archéologues et d'élégantes en retard d'un train. Reste, en dehors de quelques planques chaleureuses – le Rouquet ou le Petit Saint-Benoît –, l'indicible nostalgie d'une Alexandrie mise à sac.

■ SAINT-LOUIS (ÎLE)
Le galion du Grand Siècle

Il n'y eut longtemps là que deux îlots herbus où les duellistes venaient en découdre et piétiner l'ouvrage des lavandières. Leur réunion était à l'ordre du jour depuis des lustres quand, en 1614, Louis XIII confia à l'entrepreneur Christophe Marie le soin de combler le fossé qui les séparait et de relier le tout aux berges, en échange de quoi il pourrait lotir le futur quartier à sa guise. Achevée moins d'un demi-siècle plus tard, l'opération fut un succès, dont le maître d'ouvrage mourut néanmoins ruiné, n'arrachant à la postérité que le nom d'un pont et l'usage conséquent pour ses descendants d'accoler « de Lisle » à leur patronyme. Son altière silhouette de vaisseau de rang, l'île Saint-Louis la doit sans aucun doute à cette rapidité d'exécution, mais aussi au parti original qu'a inspiré son exceptionnelle situation : pour la première fois, les logis se tournent vers l'extérieur, résolument ouverts sur le fleuve et

Vue du cabinet doré de l'hôtel de Lauzun.

pourvus de balcons pour mieux en jouir ; les communs comme les boutiques disparaissent du panorama pour se concentrer le long de la rue Saint-Louis-en-l'île, à la fois coulisse et épine dorsale du dispositif, dominée par l'étrange clocher ajouré de l'église* paroissiale. Le manque de place se fait sentir. Les cours sont étroites, les jardins quasi inexistants. L'effort a donc porté sur les décors des appartements : l'hôtel Lambert doit son plan complexe à la mise en valeur des panneaux de Le Sueur et des plafonds de Le Brun et Romanelli ; en dépit de ses dimensions discrètes, l'hôtel de Lauzun affiche dans une débauche d'ors sans pareille la bonne – et récente – fortune de son hôte…

De graves atteintes – la disparition de l'hôtel de Bretonvilliers, celle de l'hôtel Hasselin – n'ont pas altéré le rêve de ce bon Monsieur Marie, ni la tournure que lui avait donnée Le Vau, son principal architecte. Somnolent, isolé, ce bout de Grand Siècle a survécu comme il est né, par enchantement : « Paris semble à mes yeux un pays de roman / J'y croyais voir ce matin une île enchantée / Je la laissai déserte et la trouve habitée / Quelque Amphion nouveau, sans l'aide de maçons / En superbes palais a changé ses buissons / Toute une ville entière avec pompe bâtie / Semble d'un vieux fossé par miracle sortie / Et nous fait présumer à ses superbes toits / Que tous ses habitants sont des dieux ou des rois » (Corneille, Le Menteur, II, 5).

Saint-Sulpice (église)

Avec ses tours inégales, l'église*
Saint-Sulpice fait figure de
monstre biscornu tapi dans un
roncier de ruelles intouchées.
Ce gros corps renferme certes
mille trésors, dont les bénitiers
rocaille de Pigalle ou le décor de
la chapelle des Saints-Anges
confié à Delacroix, mais c'est
par ses dimensions, compa-
rables à celles de Notre*-Dame,
qu'il frappe tout d'abord. Et
l'effet n'en est jamais aussi sai-
sissant que lorsque l'on aborde
son chevet depuis l'étroite rue
qui porte son nom.
Édifiée à partir de 1660 sur
l'emplacement d'un sanctuaire
gothique dont quelques vestiges
sont visibles dans la crypte,
cette église présente l'originalité
d'un parti médiéval traité par
de furieux adeptes de l'antique.
En effet, laissée en chantier
par Gittard, elle reçut de
Servandoni cette façade en parfaite rupture avec la formule
alors éculée d'un corps central à
deux niveaux encadré d'ailes
basses.
Des deux « clochers » qui la
caractérisent, l'un fut repris par
Chalgrin (coté nord), l'autre
exhibe orifices et pierres
d'appui dans l'attente d'échafaudages qui ne viendront plus.
Inachevée, la place* l'est également : Servandoni lui promet-
tait une ordonnance systéma-
tique dont le n° 6, isolé,
marque l'amorce. Du coup, il
règne au pied de l'extravagante
façade une aimable impression
de débandade, à laquelle contribue bien malgré elle la fontaine* des « quatre point(s) car-
dinaux », ainsi nommée par les
Parisiens, non qu'elle leur
tienne lieu de table d'orienta-
tion – Paris n'est-il pas le centre
du monde ? – mais parce
qu'aucun des quatre prédica-

teurs qui s'y trouvent représen-
tés – Bossuet, Fénelon, Fléchier
et Massillon – ne reçut la
pourpre cardinalice.

Église
Saint-Sulpice,
vue depuis
la tribune.

Seine

Jamais une ville ne s'est autant
référée au fleuve qui la traverse.
C'est ici le méandre et non le
soleil qui détermine l'orienta-
tion des monuments, celle des
Invalides* comme celle de la
Bibliothèque* nationale de
France. La cathédrale elle-
même paraît en surgir, avec son
air d'écrevisse en colère. Et sur
les blasons, cette nef qui flotte
et ne coule jamais, emblème des
bateliers, rappelle que Paris doit
tout à la Seine. Le gué de la
Cité* marque la croisée de deux
routes jadis capitales, l'une ter-
restre qui relie l'Espagne aux
Flandres, l'autre fluviale où se
croisaient l'étain de Grande-
Bretagne et les vins de Bour-
gogne. Les ponts qu'empruntait

Crue de la Seine,
1910.
Cliché sur verre
de Julien Noir.

la première encombraient plutôt la seconde, leurs piles désordonnées entravant la navigation. Ce ne furent d'abord que des passerelles de rondins, bordées de maisons dès que les pontonniers leur assurèrent un semblant de fiabilité. Henri III innova lorsqu'il confia à Androuet du Cerceau le soin de relier aux berges la pointe de la Cité par un double pont dépourvu de constructions parasites. Le Pont-Neuf est aujourd'hui le doyen des 37 ponts que compte Paris – le benjamin, baptisé Charles-de-Gaulle, ayant été inauguré en 1996. Beaucoup en effet ont dû être reconstruits à maintes reprises, emportés par les flammes ou les glaces. Par les crues aussi. Car si le fleuve, d'une saison à l'autre, se montre généralement d'humeur égale, ses colères peuvent parfois le reconduire à son lit primitif, dont les Grands Boulevards* épousent approximativement le coude. Ce fut encore le cas en 1910. De bains de pieds en bains de siège, le Zouave du pont de l'Alma avertit du danger. Il faudrait pourtant un sacré déluge pour écarter le Parisien de ses chers quais, pro-

menade rituelle qui fait la fortune des bouquinistes, avachis par tous les temps auprès de leurs drôles de boîtes, et qui ne les quittèrent que pour se joindre au tollé insurrectionnel qui accueillit l'aménagement des voies sur berge. Du coup, celles-ci n'ont pas atteint la rive gauche. Régulièrement inondées, elles sont depuis peu rendues aux cyclistes et aux piétons un dimanche sur deux.

■ Sorbonne

À partir du XIIᵉ siècle, le rigorisme du tout-puissant chancelier de l'école Notre-Dame pousse nombre de clercs, parmi lesquels Abélard, à trouver refuge sur les flancs de la montagne Sainte-Geneviève. Maîtres et élèves s'unissent là en une puissante corporation, l'Université, qui reçoit l'agrément du pape Innocent III en 1210 ; son règlement la divise en quatre facultés : arts, théologie, médecine, droit canon. Fleurissent alors une multitude de collèges qui, outre le concours de répétiteurs, assurent à leurs pensionnaires le gîte et le couvert. Robert de Sorbon, chapelain de Saint Louis, fonde le sien en 1257. Son prestige croissant lui

Tombeau de
Richelieu (détail).
Chapelle
de la Sorbonne.

MO

Πήλινο κεφάλι Αθηνάς, 490 π.Χ.
Clay head of Athena, 490 B.C.

152683

ΜΟΥΣΕΙΟ ΟΛΥΜΠΙΑΣ
OLYMPIA MUSEUM

vaut d'abriter le siège de la faculté de théologie. On y installe la première imprimerie de Paris en 1470. La Sorbonne prend part avec un bonheur inégal à tous les débats, religieux ou politiques, qui agitent le royaume ; elle fustige les Jésuites comme elle condamne le jansénisme. Lorsqu'il en devient le protecteur, Richelieu la dote enfin de bâtiments appropriés. Il n'en reste que la chapelle de Lemercier (ill. p. 94), d'un goût très romain, et dont Philippe de Champaigne a décoré la coupole. On y admire le tombeau du cardinal, dû au ciseau de Girardon. Autour, se déploie un ensemble complexe d'amphithéâtres et de galeries, souvenir du renouveau insufflé par la IIIᵉ République. En dépit des aléas, la Sorbonne demeure le symbole du Quartier* latin. Mai 68, dont elle fut le centre névralgique, a précipité la réforme universitaire qui devait considérablement réduire son audience. Il n'empêche. Soutenir une thèse dans le grand amphithéâtre, sous le regard compassé des muses de Puvis de Chavannes (*Le Bois sacré*, 1889), revêt une solennité incomparable.

■ Statues

Longtemps il fallut être saint ou roi pour avoir sa statue dans Paris ; et encore, les premiers devaient se contenter de la pénombre de leur niche. L'urbanisme naissant ouvrit les places* et, puisant directement à la tradition antique, les peupla de monuments, équestres pour la plupart. Henri IV dominant le Pont-Neuf, Louis XIII accablant une monture trop petite pour lui sur l'actuelle place des Vosges, son fils méprisant quatre esclaves enchaînés à la place des Victoires, enfin

Statue d'Honoré de Balzac par Auguste Rodin, boulevard Raspail.

Louis XV saluant le couchant à l'extrémité des Tuileries*… toutes ces figures altières ont mordu la poussière. La Révolution n'aura épargné qu'un roi-soleil, en pieds, belle œuvre de Coysevox réfugiée dans une cour du musée Carnavalet*. C'est pourtant la Révolution qui insinua cette furieuse manie d'immortaliser le tout-venant dans la pierre ou le bronze. C'est bien simple : la Bastille* fumait encore de ses glorieuses échauffourées que la municipalité décrétait l'érection à son emplacement d'une statue de Louis XVI ! La suite ne fut qu'un déferlement qui fit la fortune des fondeurs et la célébrité de quelques génies. Surgirent en désordre médecins, généraux et

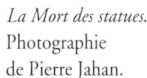

La Mort des statues. Photographie de Pierre Jahan.

Les Enfants du paradis, film de Marcel Carné, 1943-1945.

poètes, auxquels répondent depuis les façades moult nichées de cariatides extatiques et d'atlantes cul-de-jatte. Parmi ces légions, quelques figures émouvantes : Ney, dressé au lieu même de son supplice, et qui devint « l'ami » d'Hemingway lorsque, à la Closerie des Lilas, celui-ci griffonnait ses contes à vingt sous ; le *Balzac* de Rodin* (boulevard Raspail), démiurge en robe de chambre qui pour avoir froissé la dignité des gens de lettres faillit rester dans les caisses… Les Jeanne d'Arc en revanche – pas moins de cinq, dont celle de Frémiet, la moins gourde – font peu de cas de la grâce des pucelles. La France « bleu horizon » se fit un devoir d'honorer ses maréchaux, et, par manque de chance, ce furent ceux-ci que les Allemands, cette fois victorieux, épargnèrent lorsque, en quête de métaux non ferreux, ils envoyèrent tout ce monde à la fonderie. Un lent repeuplement s'opère, auquel des artistes comme César prêtent leur concours (le *Centaure*, carrefour Croix-Rouge).

■ Théâtre

Voilà plus de quatre siècles que le théâtre se fait le reflet fidèle de l'humeur des Parisiens. Adversaires et partisans de Victor Hugo s'horionnent copieusement le soir de la première d'*Hernani*, le 21 février 1830 ; de semblables pugilats accueillent en 1966 *Les Paravents* de Jean Genet. Au plaisir inavoué de participer à une cabale se mêle parfois une grogne plus sincère. Contestation à laquelle les comédiens prennent part. Ainsi Talma qui, devant un parterre de légitimistes, interpréta le *Germanicus* d'Arnault (1817) sous les traits de l'Empereur déchu. Aux heures les plus noires, le théâtre est un refuge. *La Reine morte* de Montherlant n'aurait peut-être pas connu le même succès si elle n'avait été créée sous l'Occupation.

Héritier des « mystères » joués sur le parvis des églises*, le théâtre délaisse progressivement à partir du XVIᵉ siècle les tréteaux mobiles pour des salles adaptées. Longtemps, les spectateurs les plus démunis assistent debout aux représentations, tandis que de plus fortunés louent leur loge à l'année. C'est un rendez-vous, certes, où il faut être vu. C'est aussi une passion.

33 salles en 1789, avant que Napoléon Ier n'en limite en vain le nombre, 58 en 1870, plus d'une centaine aujourd'hui, et combles la plupart du temps. Certaines, en dépit d'incendies répétés, conservent un décor fastueux, comme la Comédie-Française, l'Odéon ou encore le Ranelagh. D'autres affectent à la précarité des troupes ambulantes ; ce fut longtemps le cas du Carré Silvia-Monfort, modeste chapiteau dressé sur les friches d'anciens abattoirs. Si les auteurs dramatiques se font plus rares – ou plus discrets – qu'auparavant, les créations restent nombreuses, et continuent d'alimenter la chronique aigre-douce des dîners en ville.

🟩 **Tour Eiffel.**
Voir Expositions universelles

Les jardins du Trocadéro et le palais de Chaillot.

🟩 **TROCADÉRO : LE BALCON DE PARIS**

23 juin 1940 : Hitler, hilare, s'assure de sa conquête depuis ce que l'on nomme aujourd'hui le parvis « des Droits de l'homme ». Le lieu n'étonnera pas. Le vaste amphithéâtre que dessine la colline de Chaillot au-dessus du coude de la Seine* se prête aux gestes déclamatoires. Percier et Fontaine avaient envisagé d'y édifier le palais du roi de Rome. L'embâcle de la Bérézina emporta le projet et il fallut attendre l'Exposition* universelle de 1878 pour que la colline, pompeusement rebaptisée en mémoire d'une victoire glanée en Espagne par Louis XVIII, soit coiffée du diadème qu'elle mérite. De l'espèce de casino grand-guignolesque alors imaginé par Davioud, il ne reste rien de visible : lorsque l'on songe à réaménager le site en vue de l'Exposition internationale de 1937, l'heure n'est plus aux virevoltes d'ombrelles. La guerre menace, tandis que l'architecture traverse une passe « d'entre deux », où classicisme et modernité tentent de dialoguer. Du langage classique, Carlu, Boileau et Azéma, lauréats du concours, ont retenu les pilastres, la corniche et une frontalité hérités de l'Antique. Au nom du fonctionnalisme, ils ont dépouillé les façades de tout ornement superflu. Les ailes, qui embrassent les jardins en pente douce, épousent la courbe de l'ancien édifice. Et pour cause ! elles en conservent la structure, partiellement rendue au jour par le récent

incendie du musée des Monuments français. Deux autres musées se partagent les galeries, le musée de l'Homme et celui de la Marine, ce dernier risquant de déménager au profit de son voisin promis à une ambitieuse restructuration. C'en serait fini des ribambelles d'enfants sages accrochés aux basques d'amiraux en retraite. Restera l'animation du parvis, et le ballet des patineurs zigzaguant entre les touristes – pacifiques, ceux-ci – venus contempler Paris depuis cet incomparable balcon.

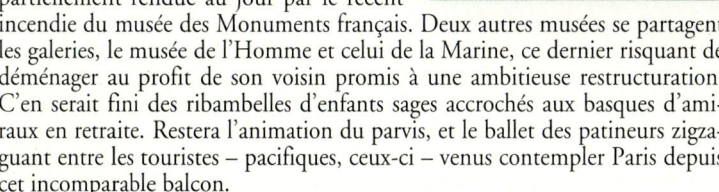

◼ Tuileries

Du palais de Catherine de Médicis, dessiné par Philibert Delorme en 1564, il ne reste rien, ou presque. Incendié par les communards, il pouvait être restauré. Lefuel comme Garnier avaient avancé des projets. La République fit mine de tergiverser : il lui fallut treize ans pour effacer complètement cet odieux symbole des monarchies. Tandis que *Le Figaro* s'en réservait quelques fragments à l'intention de ses abonnés, les Pozzo di Borgo acheminaient en Corse ces pierres dont les Bonaparte avaient été chassés, afin de s'en faire une demeure à leur mesure.

Si Catherine n'a jamais habité son merveilleux château, laissé inachevé après qu'un mage eut prédit à son hôte une mort prématurée, elle l'avait néanmoins agrémenté d'un jardin clos à la mode médiévale, trait d'union entre la ville et la campagne. Cette situation avantageuse devait, un siècle plus tard, inspirer à Le Nôtre une perspective infinie, amorce de l'axe triomphal dont le développement se poursuit encore de nos jours. Après les jardins de Vaux-le-Vicomte, Le Nôtre fixa ici les principes qui devaient faire la splendeur de Versailles. Deux terrasses parallèles à la Seine* marquaient la prééminence de l'esprit – le jardin à la française – sur l'aimable chaos des éléments livrés à eux-mêmes ; celle du roi de France sur l'ensemble de la terre. Au Grand Carré, tout en charmilles, buis et broderies, succédait, vers le couchant, un ensemble plus mystérieux de bosquets et de cabinets de verdure. Des œuvres de Coustou et Coysevox en animaient les ombrages.

Premier jardin* parisien ouvert au public, les Tuileries gardent en mémoire trois siècles de liesse et d'émois. Très dégradé, le parc a fait l'objet d'une restauration qui, tout en respectant les dispositions de Le Nôtre, introduit, notamment à proximité du Carrousel, une esthétique plus contemporaine, réinterprétation qui ne prendra son sens qu'avec la maturité… d'ici vingt ans.

Le jardin des Tuileries.

Les Ruines des Tuileries par Ernest Meissonier, 1871. H/t 136 × 96. Musée national du château de Compiègne.

Le parc Georges-Brassens.

es arrondissements de Paris, le
15ᵉ est le plus peuplé. Avec
des frontières d'État africain,
son quadrilatère presque parfait ne
laisse supposer aucune réalité historique. Pourtant, il recouvre à peu de
choses près les territoires de deux villages, hors les murs jusqu'en 1860
(voir Enceintes), et dont l'urbanisation
ne s'acheva que fort tard. L'un pouvait
s'enorgueillir d'un passé millénaire :
Vaugirard ; l'autre surgit en bloc du
maroquin d'un spéculateur distingué
par Charles X : Beaugrenelle. Du premier ne subsiste presque rien, sinon le

tracé buissonnier de la rue Blomet et
les surprenantes parcelles potagères
allouées aux locataires des immeubles
pairs de la rue Borromée, vestiges
d'une économie maraîchère jadis florissante. Deux anciennes fermes, rue
de Vaugirard, achèvent leur pitoyable
agonie sous un attirail d'enseignes
racoleuses. En revanche, le lotissement quasi instantané de Beaugrenelle
se lit encore dans le tracé orthogonal
de ses rues, dans leur nom aussi, qui
indique l'activité principale à laquelle
elles étaient dévolues : rue du Commerce, des Entrepreneurs, des Éco-

A. *Église Saint-Jean-Baptiste*
B. *Parc André-Citroën*
C. *Square Vergennes*
D. *La Ruche*
E. *Parc Georges-Brassens*
• *Rues signalées dans le texte*

liers... L'église* Saint-Jean-Baptiste, l'ancienne mairie, la demeure néoclassique de l'heureux promoteur témoignent du charme propret de ce qui devait devenir un quartier de petits rentiers. Ces deux pôles, aujourd'hui de simples paroisses, continuent de cultiver leur singularité : on ne fréquente pas les mêmes squares ni les mêmes écoles, on ne s'approvisionne pas à l'enseigne de l'autre clocher, ce serait trahir. Ici mieux qu'ailleurs, la « vie de quartier » prend tout son sens.

Pour le reste, ce ne fut qu'une lente cicatrisation. Quelques curiosités – une façade Art nouveau, place Étienne-Pernet, ou l'atelier du square Vergennes édifié par Mallet-Stevens – émergent d'une impression générale d'inachèvement. C'est ce vague à l'âme persistant qui remue Roger Caillois lorsque, dans son *Petit guide du XVe arrondissement à l'usage des fantômes*, il coule un regard inquiet vers les immeubles en biseau qui se dressent aux carrefours inachevés, avec leurs pierres d'attache lancées dans le vide et, au plus aigu de l'étrave, leurs fenêtres absurdes qui n'éclairent qu'un interstice inhabitable, sinon par un incube. Ce coin ressemble à ce que fut Paris jusque dans les années 60. Bourgeois et mégères, paumés et boutiquiers poujadistes y cohabitent sans heurts, les écoles y sont nombreuses, les boulangeries* en conséquence, et il y règne une douceur de vivre inimitable lorsque, au nez et à la barbiche oxydés des bienfaiteurs de la boucherie hippophagique, on arpente le marché aux livres logé sous les halles des anciens abattoirs.

Villas du hameau
du Danube
(19e arr.).

◼ Villas et squares

De l'héritage d'une urbanisation récente, les arrondissements périphériques ont conservé des traces de campagne. À la veille de la Grande Guerre, le Pré-Saint-Gervais, la Butte-aux-Cailles ou Montmartre* comptaient encore de vastes enclaves difficiles à viabiliser, marécages ou excavations minières. Bon marché, dépourvues d'une voirie contraignante, elles se prêtaient au lotissement. Des offices privés, des sociétés philanthropiques (villa Mulhouse), parfois même des promoteurs humanistes (villa Castel) y construisirent des cités-jardins, accessibles par un porche parfois pratiqué dans la masse d'un immeuble anonyme (villa Poissonnière). Des ruelles pavées, souvent barrées de degrés, musardent dans ces villages de meulière et de brique, réponse franchouillarde au *mews* londonien. Excepté de rares tentations régionalistes (« la petite Alsace », cité Daviel) et quelques cabochons de faïence, l'architecte se cantonne à l'essentiel, sans autre recherche qu'une harmonie d'ensemble, conforme au rêve égalitaire des premiers locataires. Aux ouvriers a succédé, dans la plupart des cas, une bourgeoisie éprise de quiétude et de jardinières fleuries. Cependant, il règne dans ces jungles secrètes un reste de cette bonhomie suburbaine qui sentait bon la glycine et le fagot vermoulu.

Grâce à leurs grands domaines boisés, Auteuil* et Passy se prêtèrent au même type d'opération. Villégiatures et non plus cités ouvrières, le hameau Boileau, les villas Molitor et Montmorency recèlent de belles richesses individuelles (« châteaux » gothiques, pavillon palladien de Hittorff…). Ces paradis sont malheureusement inaccessibles. Et tout comme leurs parents pauvres, ils obéissent à un règlement collectif très pointilleux. C'est d'ailleurs cette gestion syndicale qui, dans les années 70 et 80, a permis d'envoyer au diable les spéculateurs.

◼ Villette (la)

La Villette, ce nom restera longtemps attaché au plus grand fiasco immobilier des années 60. Abattoirs et marchés aux bestiaux animaient les rives du canal de l'Ourcq depuis un siècle, quand la fermeture des Halles centrales (voir Marchés) décida de la reconversion du site en une gigantesque boucherie, « d'intérêt national » pérorait-on. Jamais ces installations démesurées ne fonctionnèrent, une distribution modernisée s'accommodant sans problème d'un abattage délocalisé. De cette mecque de la bidoche et du chevillard subsistent quelques restaurants où l'on perpétue avec délice la tradition du pavé saignant. Quant aux entrepôts, aux halles et aux frigos, ils ont fait place à un vaste jardin de la découverte et du savoir.

Baignée par les eaux de l'Ourcq et du canal Saint-Denis, la Cité des sciences et de l'industrie initie chaque année cinq millions de visiteurs aux derniers progrès de la technologie. Une média-thèque, un cinéma, un aquarium géant, mais aussi un planétarium et le fameux Cinax, qui fait mine de vous projeter à Mach 2 dans les nuages, se font un jeu d'expliquer l'inaccessible. La Géode, proprement hallucinante, abrite le plus grand écran hémisphérique du monde. Plus au sud, la Grande Halle, vaste nef de fer et de verre où l'on parquait les bœufs, accueille expositions et concerts ; un théâtre occupe l'ancienne bourse aux cuirs.

Enfin, en bordure de l'avenue Jean-Jaurès, l'architecte Christian de Portzamparc a conçu la Cité de la musique comme un village dont le moins qu'on puisse dire est qu'il manque d'âme. Et l'on se demande comment les élèves du Conservatoire national de musique et de danse peuvent y caresser leur rêve de fulgurances et d'étoiles. La salle de concert elliptique et le Musée de la musique, dont les instruments sont tour à tour tirés des vitrines pour donner de la voix, n'en sont pas moins d'incontestables réussites.

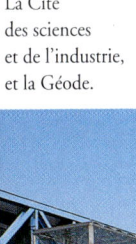

La Cité des sciences et de l'industrie, et la Géode.

VIN

Les vignes
de Montmartre.

qu'une réglementation contraignante favorisait les pires manipulations. Dans les guinguettes qui, pour échapper à l'octroi, se pressaient au-delà des barrières, on coupait le contenu du pichet d'une rasade de jus de betterave, quand on n'en tempérait pas l'aigreur par de la craie. Le Parisien lésé avait beau brailler : « C'est du vin de Montmartre / Qui en boit pinte en pisse quatre », jamais la bière ni le cidre ne parvinrent à freiner la consommation de « picolo » – nom donné au vin de treille des faubourgs, dont le verbe « picoler » nous est restée. Pour être immodéré, ce goût n'en a pas moins évolué : grâce au progrès des transports, le bordeaux a supplanté ses concurrents, à l'exception du champagne que l'on consomme ici plus que n'importe où dans le monde. Et quand il ne célèbre pas, avec une ferveur circonspecte, l'arrivée du beaujolais nouveau, l'amateur du cru s'abîme dans les salons spécialisés ou chez les innombrables cavistes, maisons dans l'ensemble respectables, où depuis peu l'on se livre à des séances de dégustation.

■ Vin

Dès l'occupation romaine, on cultiva la vigne à Paris. Des noms de rues – des Vignes, des Vignoles, de la Goutte-d'Or, Vineuse… – et, plus anecdotiques, les vignobles de Montmartre* et des Morillons témoignent de cette activité florissante. Au tournant des XVe et XVIe siècles, les vins de Chaillot, Argenteuil ou Suresnes jouissaient d'une réputation flatteuse, et concurrençaient sans mal les productions bourguignonne et orléanaise. La décadence se précisa au XVIIIe siècle, lorsque de dures conditions climatiques conjuguées à la croissance de la population incitèrent les vignerons à délaisser les coteaux pour les méandres, la grave pour une terre limoneuse, propice aux cépages de haut rendement. Partout la qualité déclina, tandis

■ Zinc

La photographie aérienne, prise à la verticale de Notre-Dame*, révèle une capitale grise et des banlieues orangées, un lac volcanique de zinc et ses ourlets couverts de tuiles mécaniques. Ce zinc-là, celui des toits, en abrite un autre, celui des limonadiers. En fait de zinc, il s'agit souvent d'inox lustré par d'incessants passages d'éponge, décrivant un virage pour aboutir à la caisse soumise au doigté compassé de la tôlière. Celle-ci, espèce d'icône à mi-corps placée au-dessus de l'autel, scrute les nues parmi les vapeurs

d'encensoir que répand le per-
colateur et les alignements de
burettes suspendues par le cul.
Autel ici se dit bar, anglicisme
qui suggère un indubitable
caractère défensif – *bar* en
anglais signifie « obstacle »,
« barrière ». Car les assauts sont
nombreux, du petit blanc des
balayeurs de l'aurore au Vian-
dox du paumé insomniaque.
Par extension, « bar » ne
désigne plus seulement le
comptoir, mais l'établissement
où l'on sert à boire. À l'origine,
le café s'en distinguait par la
qualité de ses boissons : café,
thé ou chocolat, fleurons alors
très prisés du commerce colo-
nial. Aujourd'hui le café n'est
bien souvent qu'un bar qui,
débordant de sa vitrine, s'est
ennobli d'une terrasse. On parle
indifféremment de troquet ou
de bistrot. Peu importe,
puisque l'un comme l'autre –
11 000 au total – prolongent
naturellement le domicile parisien. Là, l'étudiant révise,
l'amant poireaute, l'écrivain se
remet d'une panne… Et si
d'aventure un esprit chagrin
venait à douter qu'il existe
encore une convivialité pari-

sienne, il lui suffirait, pour se
convaincre du contraire, d'assis-
ter à la veillée du beaujolais
nouveau – si son foie le lui permet – ou à une retransmission
de Coupe du monde – si par
miracle la France est qualifiée.

Les toits de Paris
et le pont
des Arts.

Le Sauvignon, rue
des Saints-Pères.

IIIᵉ siècle av. J-C.   Installation des Celtes. Création de la cité gauloise des *Parisii*.

Vers 250   Selon la tradition, saint Denis, premier évêque de Lutèce, est décapité au vicus Catulliacus (Saint-Denis).

360   Julien dit l'Apostat est proclamé empereur par ses légions.

451   Sainte Geneviève détourne de Paris les armées d'Attila, roi des Huns.

451-459   Sainte Geneviève fait élever une basilique sur le tombeau de saint Denis.

508   Clovis choisit Paris comme capitale de son royaume. Il y fonde l'église dédiée aux saints apôtres Pierre et Paul, future abbaye Sainte-Geneviève, aujourd'hui lycée Henri-IV.

511-558   Construction de la cathédrale Saint-Étienne dans l'île de la Cité. Aussi appelée Notre-Dame, elle prendra définitivement ce nom à partir du XIᵉ siècle.

Novembre 885   La Cité est assiégée par 40 000 Normands, mais résiste vaillamment grâce à ses fortifications.

888   Eudes, comte de Paris, est élu roi de France.

3 juillet 987   Hugues Capet est sacré roi de France.

990-1014   Construction de l'actuel clocher-porte de l'abbatiale Saint-Germain-des-Prés.

1113   Fondation de l'abbaye Saint-Victor.

1144   Construction du chœur de Saint-Denis.

1147   Régence de Suger, abbé de Saint-Denis.

1160   Maurice de Sully est élu évêque de Paris.

1163   Nouvelle cathédrale Notre-Dame.

1170   Louis VII confirme le monopole des marchands de l'eau.

1183   Philippe Auguste fait paver la rue Barillerie (boulevard du Palais).

1190   Six bourgeois de Paris jouent un rôle au Conseil de régence.

1194   Les premiers services d'administration royale sont installés à Paris.

1190-1210   Philippe Auguste fait édifier une muraille autour de Paris. Construction du Louvre.

1200   Apparition des premières enseignes privées.

1214   Les marchands de l'eau bénéficient d'une taxe sur les marchandises transitant par la Seine.

1215   Le légat du pape donne des statuts officiels à l'Université.

1220   La façade de Notre-Dame est terminée, à l'exception des tours.

1248   Consécration de la Sainte-Chapelle.

1254   Saint Louis crée l'hôpital des Quinze-Vingts, modèle de l'Assistance publique.

1257   Fondation par Robert Sorbon du Collège de la Sorbonne.

1263   La corporation des marchands de l'eau élit son premier prévôt.

1268   Les bateliers adoptent la devise *Fluctuat nec mergitur*, qui deviendra celle de Paris.

10 avril 1302 Première réunion des états généraux à Notre-Dame.

1323   Premier *Guide de Paris*, publié par Jean de Jandun.

1348   La peste arrive à Paris, après six siècles d'absence.

1356-1357   Étienne Marcel préside les états généraux pendant la captivité de Jean le Bon.

1357-1358   Soulèvement des corporations parisiennes et jacqueries.

1367   Le cabinet des livres du roi est transféré au Louvre.

1367-1383   Charles V fait édifier une enceinte sur la rive droite.

1382   Émeute des maillets.

1407   Construction de la maison de Nicolas Flamel, l'une des plus anciennes construites en pierre, au 51 rue de Montmorency.

1413   Émeute cabochienne, du nom du boucher Simon Caboche.

1429   Jeanne d'Arc tente d'entrer dans Paris. L'assaut est donné sans succès au nord de la capitale.

1464   Louis XI est aux prises avec la ligue du Bien public.

1476   La première Bible parisienne est imprimée.

Fin XVᵉ siècle Construction des hôtels de Sens et de Cluny.

1494   Les Parisiens refusent au roi un prêt de 100 000 écus pour financer son expédition en Italie.

1528   François Iᵉʳ fixe sa résidence à Paris.

1529   Création du Collège de France.

1538   L'Imprimerie nationale est créée par François Iᵉʳ.

1548   Premières salles de représentations théâtrales régulières.

1550   Édition du plan perspectif de Truschet et Hoyau, dit plan de Bâle.

1558   Recommandation faite aux Parisiens de placer des falots au coin des rues la nuit.

1559   Premier synode national à Paris : les Huguenots deviennent parti politique.

1566   Construction de l'église Saint-Eustache.

23 août 1572 Massacre de la Saint-Barthélemy.

1578   Pose de la première pierre du Pont-Neuf par Henri III.

1588   Journée des Barricades.

1590   Siège de Paris par Henri III et le futur Henri IV.

22 mars 1594 Henri IV rentre dans Paris.

1605   Construction de la place Royale (place des Vosges).

1624   Construction de l'hôtel de Sully.

1626-1642   Reconstruction de la Sorbonne par Richelieu.

1631   Théophraste Renaudot publie le premier périodique, *La Gazette*.

1633   Création du Jardin des Plantes.

1635   Fondation de l'Académie française.

1644   Ouverture de l'Illustre-Théâtre dirigé par Madeleine Béjart et Molière.

1645   Début de l'édification du Val-de-Grâce.

1648   Début de la Fronde. Fondation d'une académie de peinture par Charles Le Brun et Eustache Le Sueur.

1649 Blocus de la capitale par Condé.

1662 Mise en place des carrosses, premiers transports en commun. Création de la Manufacture des Gobelins.

1664 Le Brun est nommé premier peintre du roi.

1665 Colbert devient contrôleur des finances. Ouverture de la Manufacture de glaces du faubourg Saint-Antoine.

1667 Nicolas de La Reynie est nommé lieutenant de la police de Paris. Début d'un éclairage public (bougies placées dans des lanternes métalliques). Construction de l'Observatoire de Paris, confiée à Claude Perrault.

1671 Début de la construction de l'Hôtel des Invalides. Création de l'Académie d'architecture.

1680 Louis XIV s'installe à Versailles. Fondation de la Comédie-Française.

1728 Plaques indicatrices au coin des rues.

1753-1763 Aménagement de la place Louis-XV (Concorde).

1764 Construction de l'église Sainte-Geneviève (Panthéon). Début de l'éclairage public à huile.

1779 Premier numérotage des maisons de Paris.

1782 Premiers trottoirs, rue de l'Odéon.

1783 Les frères Montgolfier font s'élever un ballon aux Tuileries.

1786-1791 Érection par Ledoux du mur des fermiers généraux.

1786 Édit de Louis XVI pour l'achèvement des quais et le dégagement des ponts.

14 juillet 1789 Prise de la Bastille.

1791 Voltaire entre au Panthéon.

Septembre 1792 La République est proclamée.

Janvier 1793 Louis XVI est guillotiné sur l'actuelle place de la Concorde.

1804 Création des cimetières du Montparnasse, du Père-Lachaise et de Montmartre.

1823 Début de l'éclairage au gaz au Palais-Royal.

1825 Achèvement du palais de la Bourse et du canal de l'Ourcq.

1830 Révolution des 27, 28 et 29 juillet (les Trois Glorieuses).

1831 *Notre-Dame de Paris* de Victor Hugo.

1832 Épidémie de choléra.

1836 Érection de l'obélisque de Louqsor sur la place de la Concorde.

1837 Mise en service de la ligne de chemin de fer Paris-Saint-Germain-en-Laye.

1841 Discours de Lamartine à la Chambre contre le projet de fortification de Paris.

1842-1843 *Les Mystères de Paris* d'Eugène Sue.

1844 Premier éclairage électrique, place de la Concorde.

1845-1864 Restauration de Notre-Dame.

1848 Révolution des 22, 23 et 24 février, fin de la monarchie de Juillet.

1851 Coup d'État de Louis Napoléon.

1853 Haussmann est nommé préfet de Paris.

1854 Achèvement des pavillons des Halles par Baltard.

1855 Exposition universelle.

1857 Installation rue de la Paix du grand couturier anglais Frédéric Worth.

1859 Décret d'annexion des villages compris entre le mur des fermiers généraux et l'enceinte de Thiers. Création des 20 arrondissements de Paris.

1862-1874 Construction de l'Opéra.

1867 Exposition universelle.

1870-1871 Siège de Paris par les Allemands.

1871 Commune de Paris.

1873 *Le Ventre de Paris* de Zola.

1876-1910 Construction du Sacré-Cœur.

1878 Exposition universelle.

1889 Exposition universelle. Achèvement de la tour Eiffel.

1892 Attentats anarchistes.

1898 Affaire Dreyfus. Parution du *J'accuse* de Zola.

1900 Exposition universelle. Grand et Petit Palais, pont Alexandre-III.

1910 Grandes inondations.

1913 Inauguration du Théâtre des Champs-Élysées construit par Perret. Diaghilev y fait représenter *Le Sacre du printemps* de Stravinski.

1914 Assassinat de Jean Jaurès au café *Le Croissant*.

1921 Démolition des fortifications de Thiers.

1924 *Paris est une fête* d'Hemingway.

1925 *Le Paysan de Paris* d'Aragon.

1927 L'îlot Beaubourg est rasé.

1931 Exposition coloniale au bois de Vincennes.

1937 Exposition internationale.

1940 Occupation allemande.

25 août 1944 Libération de Paris.

1951 Création du TNP par Jean Vilar.

1964 Paris intra-muros est érigé en départements.

1965 Publication du *Schéma directeur d'aménagement de la région de Paris* (P. Delouvier). Cinq nouvelles villes sont programmées. *Paris, capitale du XIXᵉ siècle* de Walter Benjamin (publ. posth.).

1969 Les Halles sont transférées à Rungis.

1973 Boulevard périphérique.

1975 Fermeture des usines Citroën à Javel.

1977 Inauguration du Centre Georges-Pompidou. Jacques Chirac, premier maire de Paris depuis 1871.

1986 Inauguration du musée d'Orsay et de la Cité des sciences et de l'industrie.

1987 Construction de l'Institut du monde arabe.

1989 Célébration du bicentenaire de la Révolution. Construction du ministère des Finances, de la Pyramide du Louvre, de l'Arche de la Défense et de l'Opéra-Bastille.

1996 Inauguration de la Très Grande Bibliothèque à Tolbiac.

1998 Inauguration du Stade de France à Saint-Denis.

I N D E X

BIBLIOGRAPHIE SÉLECTIVE

Ouvrages historiques

René Héron de Villefosse, *La Construction de Paris*, Grasset, 1938.

Jacques Hillairet, *Dictionnaire historique des rues de Paris*, Minuit, 8ᵉ éd., 1985.

Jean Favier, *Paris, 2000 ans d'histoire*, Fayard, 1997.

Bernard Valade, Alfred Fierro et Michel Fleury (sous la dir. de), *Paris*, Citadelles/Mazenod, « L'art et les grandes cités », 1997.

Romans, témoignages

Louis Aragon, *Le Paysan de Paris*, Gallimard, « Folio », 1978.

—, *Les Beaux Quartiers*, Gallimard, « Folio », 1989.

Honoré de Balzac, *La Fille aux yeux d'or*, Club de l'honnête homme, 1969.

—, *Le Père Goriot*, Flammarion, « GF », 1995.

Roger Caillois, *Petit guide du XVᵉ arrondissement à l'usage des fantômes*, Fata Morgana, 1995.

Léon-Paul Fargue, *Le Piéton de Paris*, Gallimard, « L'Imaginaire », 1993.

Ernest Hemingway, *Paris est une fête*, « Folio », 1973.

Victor Hugo, *Notre-Dame de Paris*, Flammarion, « GF », 1985.

—, *Les Misérables*, Flammarion, « GF », 1967.

Henry James, *Esquisses parisiennes*, « 10-18 », 1994.

Joseph Kessel, *Les Enfants de la chance*, Gallimard, « Blanche », 1934.

Louis Sébastien Mercier, *Le Nouveau Paris*, Mercure de France, « Album beaux livres », 1994.

Marcel Proust, *À la recherche du temps perdu*, Gallimard, « Folio », 1988-1990.

Jacques Réda, *Les Ruines de Paris*, Gallimard, « Poésie », 1993.

Nicolas Restif de la Bretonne, *Les Nuits de Paris ou le Spectateur nocturne*, Gallimard, « Folio », 1986.

Émile Zola, *Les Rougon-Macquart*, Flammarion, « GF », 1986-1990.

—, *La Curée*, Flammarion, « GF », 1970.

—, *Au bonheur des dames*, Flammarion, « GF », 1971.

—, *Le Ventre de Paris*, Flammarion, « GF », 1971.

Crédits photographiques : CAMBRIDGE, Harvard University Art Museums 44 ; CHICAGO, Art Institute 19 ; PARIS, Bibliothèque nationale de France 10, 41, 46b ; Odile Botti 45 ; Nicolas Bruant 20, 25bd, 60hg ; Chaudun 78, 104h ; CNMHS/Jean Feuillie 102 ; Dagli Orti 12, 13, 14h, 21g, 26, 49, 60hd, 93, 103, 105h ; Jérôme Darblay 42-43b ; archives Flammarion 34, 89, 92, 106 ; Hoa-Qui/Altitude-Yann Arthus-Bertrand 36-37, 68-69 /Zefa-Spichtinger 48b /M. Renaudeau 61, 84b /B. Machet 72 ; Magnum/Erich Lessing 21d /Bruno Barbey 33b /René Burri 35 /Ian Berry 40 /Martine Franck 42h, 52 /Henri Cartier-Bresson 50 /Jean Gaumy 53h /G. Pinkhassov 53b /Leonard Freed 115b ; Philippe Moulu 24, 47, 88, 113b ; Photothèque des musées de la Ville de Paris 15 ; Réunion des musées nationaux 14b, 27, 32, 54-55, 62, 70, 86, 87, 109 ; Roger-Viollet 59, 63, 73b ; Caroline Rose 16h, 16b, 48h, 57, 65, 74, 104b ; René Saint-Paul 100 ; Christian Sarramon 4-5, 17, 22, 23, 25g, 28, 29, 38, 46h, 64, 67, 71, 76-77b, 79, 80, 82, 85, 90, 91, 94, 96h, 97, 98, 107, 108, 110, 112, 114, 115h ; Service des objets d'Art religieux des églises de la Ville de Paris 56 . © ADAGP, Paris, 1998 pour l'œuvre d'Édouard Devambez .

Directeur de la série Patrimoine : Stéphane GUÉGAN
Coordination éditoriale : Béatrice PETIT
Lecture-corrections : Christine EHM
Direction artistique : Frédéric CÉLESTIN
Cartographie : Thierry RENARD
Photogravure, Flashage : Pollina s.a., Luçon
Papier : BVS-Plus brillant 135 g distribué par Axe Papier, Champigny-sur-Marne
Papier de couverture : Trucard 260 g, Arjomari Diffusion
Couverture imprimée par Pollina s.a., Luçon
Achevé d'imprimer et broché en août 1998 par Pollina s.a., Luçon

© 1998 Flammarion, Paris
ISBN : 2-08-012566-4
ISSN : 1275-1502
Nᵒ d'édition : FA 256601
Nᵒ d'impression : 75199
Dépôt légal : octobre 1998

Imprimé en France